Martin Luther

Die Wahrheit macht nicht viele Worte

Martin Luther

Die Wahrheit macht nicht viele Worte

Maximen, Sprüche und Aphorismen

Ausgewählt von Waltraud John

Neu bearbeitet von Bruno Rosner

ANACONDA

Die Übersetzung folgt der Ausgabe *D. Martin Luthers Werke.* Kritische Gesamtausgabe (Weimarer Ausgabe). Abteilung 2. Tischreden Band 1–6. Weimar: Böhlau [u. a.] 1912–1921.

Die Deutsche Nationalbibliothek verzeichnet diese Publikation in der Deutschen Nationalbibliographie; detaillierte bibliographische Daten sind im Internet unter http://dnb.d-nb.de abrufbar.

Umschlaggestaltung: Sabine Reimer, London
Layout: Druckfrei. Dagmar Herrmann, Köln
Satz: GEM mbH, Ratingen
Printed in Czech Republic 2009
ISBN 978-3-86647-277-8
www.anacondaverlag.de
info@anaconda-verlag.de

INHALT

VORWORT

Der vorliegende Band versammelt Aussprüche und Erkenntnisse des deutschen Reformators Martin Luther (1483–1546). In Luthers Haushalt nahmen neben den Familienmitgliedern auch einige der im Hause Luther wohnenden Studenten sowie Freunde und durchreisende Gäste regelmäßig an den Mahlzeiten teil. Im Jahre 1531 begann der Pfarrer Konrad Cordatus, der für ein Jahr zu Gast war, damit, die Aussprüche und Bemerkungen Luthers während der Mahlzeiten bei Tisch zu notieren. Da Luther dagegen keine Einwände erhob, schrieben bald auch andere Gäste der Tischgesellschaft Luthers »Tischreden« mit, so daß bis zu Luthers Tod im Jahr 1546 mehrere Sammlungen von Mit- und Nachschriften der Tischgespräche Luthers vorlagen. Man darf die Mitschriften allerdings nicht als wörtliche Zitate Luthers verstehen, denn der jeweilige Schreiber notierte naturgemäß nur das, was ihm besonders wichtig erschien, und das auch noch in Eile während des Essens oder kurz danach. Es handelt sich also lediglich um Extrakte.

Dennoch zeichnen die Tischreden Luthers ein lebendiges Bild von solchen Tischgesellschaften. Man sprach über alle möglichen Themen, neben Dingen des alltäglichen Lebens natürlich vor allem über theologische und religiöse Fragen, was sich aus der Zusammensetzung der Tischgesellschaft herleitet.

Die Sprache bei Tisch war eine Mischung aus Deutsch und Latein. Latein war die Sprache der Akademiker, aber aus Rücksicht auf seine Familie sprach Luther bei Tisch teilweise auch in deutscher Sprache. Diese Mischform zwischen Deutsch und Latein wird auch in den Mitschriften sichtbar. Allerdings überwiegt die lateinische Form, denn es gab zur damaligen Zeit bereits eine Art lateinischer Kurzschrift, in der viele der Aussagen Luthers notiert wurden.

Die Verfasser der Notizen tauschten ihre Mitschriften untereinander aus in dem Bemühen, die eigene Sammlung durch weitere Texte zu vervollständigen, denn die Wertschätzung Luthers war so groß, daß man so viele Äußerungen des Reformators wie möglich aufgezeichnet wissen wollte. Dadurch kompliziert sich die Überlieferungslage der jeweiligen Mitschriften: was ist originale Mitschrift, was später aus anderen Quellen dazugekommen? Inzwischen sind auch keine Originalmitschriften mehr erhalten, sondern nur noch Abschriften dieser Originale bzw. überarbeitete Abschriften.

Die Kritische Gesamtausgabe der Werke Luthers, die sogenannte »Weimarer Ausgabe« hat es sich zur Aufgabe gemacht, alle Aufzeichnungen der Tischreden zu versammeln und ihre Überlieferungsgeschichte darzustellen. Die nachfolgende Auswahl und Übersetzung basiert auf der Weimarer Ausgabe und weist mit dem Kürzel WA die fortlaufende Nummer der Aufzeichnung aus den sechs Bänden der *Tischreden* nach.

APHORISMEN

Ich hasse die Vielredner. Denn meistens, wenn sie meinen, sehr Großes zu sagen, reden sie Lügen. Die Wahrheit aber, so wie sie die Sache nur weniger Menschen ist, macht nicht viele Worte. WA 2401

Wer keine Wohltat vergeuden will, der soll nie eine erweisen. WA 3282

Wo du nicht Herr bist, so laß einen jeden gehen, tun, machen, wie er will. Kümmere dich nicht darum, sonst hast du nichts davon als Ungunst, vergebene Mühe und Sorge. WA 3133

Wenn man jemandem ein Ding verleiden will, so sage man nur, es sei nichts wert, und schon wird es mißachtet. WA 2878

Gute Werke haben keinen Namen. WA 3359

Was mir unser Herrgott gibt, das nehme ich gern; was er nicht gibt, das kann ich gut entbehren. Es ist mein Grundsatz, daß ich mich begnügen kann. So behalte ich den Überblick. WA 479

Das beste Geschenk und Wesen ist ein heiterer und fröhlicher Sinn. Denn im Gesetz des Mose werden die Traurigen nicht zugelassen zu Altären und Opfer (3 Mos 21,10). WA 4328

Ein Christ soll und muß ein fröhlicher Mensch sein. Wenn er es nicht ist, ist er vom Teufel versucht. WA 522

Luthers Reim:
»Es ist auf Erden keine bessere List,
als wer seiner Zunge ein Meister ist.
Viel wissen und wenig sagen,
Nicht antworten auf alle Fragen.
Rede wenig, und mach's wahr,
Was du borgst, bezahle bar.
Laß jeden sein, wer er ist,
So bleibst du auch wohl, wer du bist.« WA 7062

Ein jedes Ding hat seine Zeit: Kriegführen hat seine Zeit, Friede seine Zeit; närrisch sein hat seine Zeit, klug sein seine Zeit; Anfechtung und Kümmernis haben auch ihre Zeit (Koh 3,1). Aber der Herr hört der Betrübten und Angefochtenen Seufzen genau. WA 1270

Wer an einem Weg baut, findet viele Experten. WA 227

Gedanken sind zollfrei, sie werden nicht bestraft, wie auch nicht die Affekte; im übrigen ist Gott ihr Richter. WA 2405

Anmaßende Schlaumeier sind dem Ikarus gleich, der in den Himmel fliegen wollte. So sagt man: Wenn du sicher wandeln willst, so sollst du nicht zu hoch fliegen. Wenn du zu hoch fliegst, dann wirst du zwingend die Federn verbrennen. WA 2901b

Ein Jurist, wenn er nicht in der christlichen Lehre erleuchtet ist, ein Arzt, wenn er nicht in der christlichen Lehre unterrichtet ist, desgleichen auch ein Dichter: So heißt es denn recht: Ein Jurist, ein böser Christ; ebenso: Die Gelehrten, die Verkehrten. WA 7030

Wenn die Gottlosen auch ein sehr vergnügtes Leben führen, neide ich es ihnen nicht; denn es geschieht ihnen nicht anders als dem Schwein, das man in den Stall führt und bald danach schlachten wird. Hierhin gehört, was Jesaja sagt: »Mästet, mästet das Schlachtopfer« usw. (Jes 34,1 ff.). WA 2038

Das ständige Vorhandensein macht Dinge wertlos, Seltenes achtet man. WA 3390a

ÜBER GOTT

Als er bei Nacht zum Himmel schaute, sagte er: Es muß ein guter Meister sein, der ohne Pfeiler ein solches Gewölbe erbaut hat. WA 2005

Ein andermal antwortete Doktor Martinus Luther, als jemand fragte, ob Gott außer, über und doch in allen, auch in den geringsten Geschöpfen sei, wie in Gräsern und Blättern an Bäumen: Gott ist an keinen Ort gebunden, er ist auch von keinem ausgeschlossen; er ist an allen Orten, auch im geringsten Geschöpf, wie in einem Baumblatt oder Grashalm, und ist zugleich nirgends, nirgends greifbar oder eingeschlossen; an allen Orten aber ist er, denn er schafft, wirkt und erhält alle Dinge.

Wie ist er aber in allen Geschöpfen? Wesentlich oder durch seine allmächtige Kraft? Er ist auf beiderlei Weise in einem jeden Geschöpf; denn, wie gesagt, er schafft, wirkt und erhält alles. Andere Geschöpfe wirken ihrer Eigenschaft nach, Gott aber ist gegenwärtig und wesentlich.

Als einer aber sagte: Das verstehe ich nicht, antwortete Doktor Martinus darauf: Glaubst du auch, daß Christus am Kreuz und im Leib der Jungfrau Maria Gott war? Beides zu glauben ist der Vernunft unmöglich; ich glaube es aber, denn die Schrift sagt es. Ist nun

Gott in der Jungfrau Leib wesentlich und gegenwärtig, so ist er auch in einem jeden Geschöpf, denn das gilt für beides.

Da sagte ein anderer: So ist er auch im Teufel? Ja, sprach Doktor Martinus, auch in der Hölle wesentlich, wie der heilige Paulus bezeugt (2 Thess 1,9): »Die Gottlosen werden Pein leiden, das ewige Verderben von dem Angesicht des Herrn«; und Psalm 139,8: »Bettete ich mich in die Hölle, siehe, so bist du auch da«. WA 240

Gott hat diese Welt mit allen ihren Schätzen den Menschen gegeben, von denen er doch wußte, daß sie sündigen würden. Was für Schätze, meinst du, wird er erst den durch den Glauben Gerechtfertigten geben, die, wie er weiß, in Ewigkeit gerecht bleiben werden? WA 2224

Doktor Martinus wurde gefragt, wie Gott mit den Erzvätern geredet habe, obwohl doch Johannes (1,18) sagt: »Niemand hat Gott jemals gesehen« und dagegen der Patriarch Jakob spricht (1 Mos 32,31): »Ich habe den Herrn von Angesicht zu Angesicht gesehen«. Darauf antwortete der Doktor: Gott hat mit den Vätern durch Gesichte und Erscheinungen geredet, also haben sie Gottes Angesicht gesehen und nicht Gott selbst. So haben wir Gottes Angesicht und sehen ihn durchs Wort, Sakrament, der Kirchen Schlüssel, in der Eltern und Obrigkeit Ordnung. Das sind Gottes Angesicht und Erscheinungen. WA 4775

Unser Herrgott gönnt uns sehr, zu essen, zu trinken und fröhlich zu sein. Deshalb hat er auch so viele Dinge geschaffen, damit wir ihn als Gott erkennen. Denn er will es nicht haben, daß wir klagen, er habe uns nicht genug gegeben, er könne unseren armen Madensack nicht ernähren und füllen. Er fordert nur, daß wir, was er gibt, als seine Güter anerkennen und sie mit Dank genießen. WA 1090

Einer fragt: Warum gibt uns Gott nicht vollkommene Erkenntnis? Ich antworte: Wenn es einer ganz glauben könnte, so würde er vor Freude nicht essen noch überhaupt etwas tun. Er aber will das Menschengeschlecht erhalten, damit die Kirche nicht untergehe. Die Welt erinnert mich an ein baufälliges Haus: David und die Propheten sind die Sparren, Christus ist die Säule mitten im Haus, die alles zusammenhält. WA 429

Wenn du dich wunderst, daß der allmächtige Gott es nicht bewirke, daß alle Menschen gut sind, so wird dir geantwortet, daß du hinauffährst und ihn selbst fragst. Dennoch sehen wir auch auf der Erde an allem, was Gott macht, daß Gott weise ist, allmächtig und gut. WA 2366

GOTTES WORT

Was für eine köstliche Sache ist es, Gottes Wort in allen Dingen zu haben, da einer seiner Sache sicher sein kann, wie viel er auch versucht wird. Ein anderer ohne Gottes Wort schließlich fällt notwendig in Verzweiflung, da ihm die himmlische Berufung fehlt. Er wird allein von der Leere seines Herzens getrieben. Deshalb preist Psalm 119,21 das Wort Gottes und sagt: »Verflucht (sind), die von deinen Geboten abirren.« Das heißt, es wird nichts gedeihen (bis ans Ende) außerhalb des Wortes Gottes, »da jede Anpflanzung, die Gott nicht pflanzte, bis auf die Wurzel ausgerissen werden wird.« (Mt 15,13) WA 534

Es sagte einmal der ehrwürdige Herr Doktor Martinus Luther u.a. zu Herrn Philippus Melanchthon von der Bibel oder heiligen Schrift, sie sei wie ein sehr großer, weiter Wald, darinnen viele und allerlei Art Bäume ständen, von denen man mancherlei Obst und Früchte abbrechen könne. Denn man habe in der Bibel reichen Trost, Lehre, Unterricht, Ermahnung, Warnung, Verheißung und Drohung usw. Aber es gebe keinen Baum in diesem Wald, an den er nicht geklopft und ein paar Äpfel oder Birnen davon gebrochen und abgeschüttelt habe. WA 674

Ich habe, sprach Doktor Martinus Luther, schon die größte Plage erlebt, nämlich die Mißachtung von Gottes Wort, die das äußerste, größte und greulichste Übel auf der Welt ist; denn auf Mißachtung des göttlichen Wortes werden notwendig allerlei extreme und schreckliche Strafen folgen. Wenn ich einem sehr fluchen und viel Böses wünschen wollte, so wollte ich ihm Mißachtung des göttlichen Wortes wünschen; denn dann hat er alles auf einmal, das innere und äußere Unglück, in das doch die Welt jetzt gedankenlos hineingeht. Was aber folgen wird, das werden wir sehen. WA 2780

Doktor Martinus Luther redete von der großen närrischen Torheit aller Menschen, daß wir armen Leute über Gottes Wort urteilen wollen, dem wir doch gehorchen und gehorsam sein sollten, schlicht glauben und tun sollten, was es sagt. Das ist so, als wolle die Kachel oder der Topf den Töpfer lehren, wie er sie machen solle. Also wollen wir uns gegen Gott stellen, ihn reformieren, in die Schule führen und lehren, wir, die armen, erbärmlichen, verderbten Geschöpfe den Schöpfer. Es heißt Matthäus 17,5: »Diesen (Christus) sollt ihr hören«; und Psalm 45,11: »Höre, Tochter, schau her und neige deine Ohren, vergiß dein Volk und deines Vaters Haus.« WA 4134

Daß die Bibel Gottes Schrift ist und nicht des Menschen, Gottes Buch und nicht des Menschen, bewies Luther einmal mit folgender Argumentation: Alles, was es gibt und wie es das in der Welt gibt, d. h. wie es geht und steht in der Welt, das alles ist beschrieben in der Genesis, im ersten Buch Mose: Es geht und steht nicht anders, als wie es Gott geschaffen hat. Weiter: Julius Caesar, Augustus, Alexander, die Reiche der Ägypter, Babylonier, Perser, Griechen, Römer sind hinweg, die alle gerade dieses Buch zerstören wollten und vernichten. Nur darauf kam es ihnen an, daß dieses Buch zerstört werde; aber sie konnten es nicht. Es blieb unversehrt entgegen ihrer aller Absicht. Wer erhält es aber, oder wer hätte es gegen eine so große Macht und Gewalt erhalten können? Homer [ausgeh. 8. Jh. v. Chr., gilt als Autor von *Ilias* und *Odyssee*, der ersten Epen in der abendländischen Literatur] und Vergil [1. Jh. v. Chr., als Verfasser der *Aeneis* und röm. Nationaldichter gefeiert] mögen altehrwürdige Bücher sein, aber nichts im Vergleich mit der Bibel. Ebenso sind die Taufe, das Altarssakrament und das Predigtamt, d. h. der ganze Gottesdienst nach dem ersten Gebot, erhalten geblieben gegen so viele Tyrannen und Ketzer. Unser Herrgott hat es mit besonders wunderbarer Kraft erhalten, da man predigen muß, taufen und das Abendmahl austeilen, und solches kann niemand wehren noch hindern. WA 799

Das erste Kapitel der Genesis enthält die ganze Schrift. Sehr genau wurde von den Alten darauf geachtet, daß niemand dieses Kapitel vor seinem dreißigsten Lebensjahr las. Denn es enthält viele Geheimnisse, die Ungelernte nicht wahrnehmen können. Auch gibt es

Stellen, die noch niemand erklären konnte, geschweige verstehen. WA 3043a

Gott hat im Deuteronomium, dem fünften Buch Mose, die allerschönste Kirchen- und weltliche Ordnung eingesetzt. Aber der Welt gefällt stets das Ihre besser, als was Gottes ist, sie mißachtet ihn als Lenker und folgt lieber anderem. WA 3398a und b

Alle schätzen und loben Mose, das Gesetz und Jesus Sirach, aber nur so lange, wie sie sie lesen. Wenn es aber ans Tun kommt, so wollen sie nichts von ihnen wissen. WA 3295a

Das Evangelium ist viel einfacher zu verstehen als die Propheten. Christus hat ganz schlicht gesprochen und war doch die Beredsamkeit selbst. Die Propheten redeten zwar auch nicht hochgestochen, sind aber doch viel schwerer zu verstehen. Darum ist es am besten und zeugt von höchster Beredsamkeit, sich ganz einfach auszudrücken. WA 5099

Wer zugibt, daß die Schriften der Evangelisten Gottes Wort sind, mit dem wollen wir durchaus disputieren; wer es aber verneint, mit dem will ich nicht ein einziges Wort darüber reden. Denn das Prinzip hat auch im Christentum seinen festen Platz: Mit dem soll man nicht disputieren, der schon die Grundsätze verwirft. WA 2844

DER GLAUBE

Die heilige Schrift sagt: »Forsche nicht nach hohen Dingen« (Röm 12,16), denn alle Werke Gottes sind unerforschlich, es kann sie keiner ausdenken; allein glauben muß man sie, mit Vernunft vermag sie niemand zu verstehen noch zu ergründen. WA 6560

Wer seines Glaubens nicht gewiß ist, der kann nicht bestehen; des Glaubens Grund aber, worauf er baut, ist Gottes recht verstandenes Wort. Wer das begriffen hat, der kann bestehen und siegen im Kampf wider alle Pforten der Hölle; wer aber seiner Lehre und seines Glaubens nicht sicher ist und noch darüber disputieren will, der ist verloren. WA 6734

Als jemand sagte, die menschliche Natur könne die Glaubensartikel nicht fassen, und es genüge, wenn wir nur begännen zuzustimmen, entgegnete der Doktor: Ja, lieber Herr, wenn einer so glauben könnte, wie es da steht, dann müßte eines Menschen Herz vor Freude zerspringen. Das wäre gewiß. Aber wir werden dahin nicht kommen, daß wir es fassen. In Torgau kam einmal eine bemitleidenswerte Frau zu mir und sagte: Ach, lieber Herr Doktor, ich kann von dem Gedanken nicht loskommen, ich sei verloren und könne nicht selig werden, denn ich kann nicht glauben. Darauf ich: Glaubt Ihr denn, liebe Frau, daß wahr ist, was Ihr in Eurem Glaubensbekenntnis betet? Da antwortete sie mit gefalteten Händen: O, das glaube ich, das ist ganz sicher wahr! Darauf ich: Gut, gut, liebe Frau, da geht hin in Gottes Namen! Ihr glaubt mehr und besser als ich! – Der Teufel macht den Leuten solche Gedanken, indem er spricht: Nur zu, du mußt besser glauben! Du mußt mehr glauben. Dein Glaube ist nicht sehr stark, auch nicht genug. – Auf diese Weise treibt er sie zur Verzweiflung. So sind wir auch von Natur aus veranlagt, gern einen Glauben haben zu wollen, der uns absichert. Wir wollten ihn gern mit Händen greifen und in die Hemdtasche stecken. Aber das geschieht in diesem Leben nicht. Wir können ihn nicht fassen, wir sollen uns aber danach richten. Wir sollen uns ans Wort halten und uns so aus diesem Leben hinausziehen lassen. WA 5562

Durch die Werke geben wir (Gott) Zinsen, aber durch den Glauben empfangen wir das Erbe. WA 1085

Der Glaube lehrt: Ich glaube an die Auferstehung der Toten am Jüngsten Tag. Darauf fügt die Hoffnung hinzu: Ist das denn wahr, so laßt uns einsetzen, was wir haben, und darüber leiden, was wir können, wenn wir hernach so große Herren werden sollen. WA 145

Es gibt nichts Größeres, als daß wir glauben können, Gott redet mit uns. Wenn wir das glaubten, so wären wir schon selig. WA 5532

Gott kann man nicht (be)greifen, aber man spürt ihn doch, denn er läßt sich allenthalben sehen und bemerken und erweist sich als ein gütiger Schöpfer, der uns alles Gute tut und gibt, was Sonne und Mond, Himmel und Erde und alle Früchte, die aus der Erde wachsen, bezeugen. Aber der Mangel, daß wir Gott in diesen seinen Werken und unzähligen Wohltaten nicht erkennen, liegt nicht am Schöpfer, der nicht etwa wollte, daß solches vor unseren Augen verborgen sein sollte. Nein, der Fehler liegt nicht an ihm, sondern an uns; denn die menschliche Natur ist durch die Erbsünde so verdorben und vergiftet, daß wir das alles nicht achten noch erkennen und verstehen können. WA 6530

EIN GUTER PREDIGER

Ein Prediger ist wie ein Zimmermann, sein Werkzeug ist Gottes Wort. Und weil die Zuhörer, mit denen er zu tun und zu arbeiten hat, unterschiedlich sind, darum soll er nicht stets dasselbe Lied singen und in seiner Lehre nur auf eine einzige Weise vortragen, sondern je nachdem drohen, erschrecken, strafen, schelten, trösten, versöhnen usw. Was für ein Ding, daß ein Mensch so willig und bereit ist, alle anderen zu belehren, nur nicht sich selbst! WA 234

Die Eigenschaften eines guten Predigers: Erstens soll er didaktisch geschickt sein; zweitens soll er einen hellen Kopf haben; drittens sehr beredt sein; viertens soll er eine gute Stimme haben, fünftens ein gutes Gedächtnis; sechstens soll er wissen, wann es Zeit ist, aufzuhören; siebtens soll er gut vorbereitet sein; achtens soll er sich mit Leib und Leben seiner Aufgabe hingeben; neuntens und letztens soll er es ertragen, von jedermann verspottet zu werden; denn nichts ist leichter und schneller, als an den Predigern Fehler zu erkennen. Ein Prediger, der alle Tugenden hat, verdunkelt diese mit einem einzigen Fehler, zum Beispiel, wenn er sich zu oft räuspert – so schlecht ist die Welt. WA 2580

Doktor Luther sprach einmal, daß Albrecht Dürer (1471–1528), der berühmte Maler zu Nürnberg, zu sagen pflegte: Er habe keinen Gefallen an Bildern, die mit viel Farben gemalt seien, sondern ziehe die vor, die auf schlichteste Weise gemacht seien. Ebenso habe er seinerseits Gefallen an Predigten, die ganz einfach gehalten seien, da einer dann verstehen könne, was man predige. WA 7036

Der beste Prediger, sagte Doktor Martinus, ist der, von dem man, wenn man ihn gehört hat, sagen kann: Das hat er gesagt. Auch wenn er nicht viele Sprüche aus der Schrift zitiert, es reicht, wenn er dem Glauben gemäß predigt. Predigt er aber unrecht und leugnet, so muß es wahrlich die größte Lüge sein; denn dein Wort ist die Wahrheit, spricht Christus. (Joh 17,17). WA 2202b

Eines guten Redners Amt oder Markenzeichen ist, daß er aufhöre, wenn man ihn am liebsten hört und meint, er werde jetzt erst beginnen. Wenn man ihn aber mit Überdruß und Unwillen hört und das Ende der Rede kaum erwarten kann, dann ist das ein böses Zeichen. So ist es auch mit einem Prediger. Wenn man sagt: Ich hätte ihm noch gern länger zuhören mögen, so ist es gut; wenn man aber sagt: Er war ins Schwätzen gekommen und konnte nicht mehr aufhören, so ist das ein böses Zeichen. WA 3422

Verhaßt ist mir eine lange Predigt, denn das Verlangen zuzuhören wird dadurch bei den Zuhörern ausgelöscht, und die Prediger schaden sich selbst. WA 2643a

Ganz langsam zu reden paßt am besten zu einem Prediger; denn er kann dann um so überlegter und genauer seine Predigten vortragen. Seneca [1. Jh. n. Chr.] schreibt vom besten Redner in der lateinischen Sprache, von Cicero [1. Jh. v. Chr.], er habe langsam und eindringlich gesprochen. WA 4657

Verflucht seien alle Prediger, erregte sich Doktor M. L., die in den Kirchen, auf ihren Ruhm bedacht, höchstes Niveau anstreben und ehrgeizig dem einen oder anderen gefallen wollen. Griechisch, Hebräisch und Lateinisch in Predigten mit einfließen zu lassen ist lauter Hoffart, die nicht in die Kirche paßt, auch wenn die unverständigen Laien dies loben und Respekt haben vor einem gelehrten Mann, selbst wenn sie ihn nicht verstehen und nichts von ihm lernen. Nein, ein rechtschaffener Prediger soll es halten wie eine Mutter, die ihr Kind stillt und ihm aus ihrem Busen Milch schenkt, nicht Wein. Wenn ich allhier predige, so steige ich aufs Tiefste herunter, ich sehe nicht auf die Doktoren und Magister, von denen kaum vierzig da sind, sondern auf die hundert oder tausend jungen Leute und Kinder. Für die predige ich, nach denen richte ich mich, die bedürfen dessen auch. Wollen es die anderen nicht hören, bitte, so steht die Tür offen. WA 3573

DER MENSCH

Im November 1531: Verwunderlich ist es, daß Selbstsicherheit und Überheblichkeit der Menschen so groß sind, obwohl wir doch eine unbegrenzte Zahl von Argumenten hätten, die uns zu Demut rieten: Der Zeitpunkt unseres Todes ist ungewiß, nicht liegt in unserer Hand das Gedeihen des Getreides, das wir verzehren, nicht das Scheinen der Sonne, nicht die Luft, die wir atmen, nicht Tag, nicht Schlaf, geschweige geistliche Dinge, wie private und öffentliche Sünden, von denen wir geplagt werden. Aber wir haben diamantenharte Herzen, die das nicht kümmert. WA 87

Alle Menschen sind von Natur aus mehr wie Epimetheus, Nachbedenker [in der griech. Mythologie jüngerer Bruder des P.], als Prometheus, Vorbedenker, weil alle erst *nach* einem Geschehen klüger sind. Wir alle müssen Lehrgeld zahlen und aus Schaden klug werden. WA 3314

Es gibt drei Arten von Menschen: 1. die übergroße Anzahl von Menschen, die selbstsicher ohne Gewissenspein dahinleben und kein Gespür für den Zorn Gottes haben; 2. die, die erschreckt durch das Gesetz Gott fliehen und mit der Verzweiflung ringen wie Saul;

3. die, die voll Schrecken schließlich die Stimme des Evangeliums von der gnädigen Vergebung der Sünden hören und sie annehmen. WA 5956

Das ist der Teufel in uns, daß niemand genug hat! Wie es Gott einem schickt, so gefällt es ihm nicht. Fremdes gefällt uns immer besser: Die ergiebigere Saat steht immer auf fremdem Feld, und des Nachbarn Kuh hat das größere Euter [genaue Übersetzung von Ovid, *ars amat.* I 349 f.; Ovid lebte z. Z. des Augustus um Christi Geburt].

So steht es auch mit uns. Niemand ist mit seinem Los zufrieden: Es wünscht sich einen Sattel das träge Rind, es möchte pflügen das Reitpferd [genaue Übersetzung von Horaz, *ep.* I 14, 43; Horaz lebte im 1. Jh. v. Chr.]. Je mehr wir haben, desto mehr wollen wir haben. WA 3662

Wir sind schon im Morgenrot des künftigen Lebens, denn wir beginnen, die Kenntnis alles Geschaffenen wiederzuerlangen, die wir durch Adams Fall verloren haben. Jetzt sehen wir dieses Geschaffene tieferdringend an als einst unter dem Papsttum. Erasmus sorgt sich nicht darum, wie die Frucht im Mutterleib sich bildet; er ignoriert die Würde der Ehe. Wir aber fangen durch Gottes Güte an, die Großtaten Gottes sogar aus der Betrachtung einer kleinen Blume zu erkennen, und bedenken, wie allmächtig und gut Gott ist. Deshalb loben wir ihn, wir preisen ihn und sagen ihm Dank und erkennen in dem von ihm Geschaffenen die

Macht seines Wortes: »Er spricht, und es geschieht.« (Ps 33,9). Auch ein Pfirsichkern, dessen Schale sehr hart ist, muß sich zu seiner Zeit auftun mit seinem sehr weichen Kern. Doch das übergeht Erasmus, der das Geschaffene nicht anders ansieht als die Kuh eine neue Stalltür. WA 1160

Die Welt wird nicht durch Religion regiert, sondern durch Aberglauben und Tyrannei und nicht durch Gerechtigkeit, weil die Welt unter der Herrschaft des Teufels steht. Und wenn wir predigen, daß der Glaube frei mache, will die Welt, wenn sie dies hört, auf jede Weise frei sein, aber auf fleischliche Weise. So verkehrt sie die wahre Religion in Aberglauben oder vielmehr in die Lüge des Teufels. WA 2148

1. Die Welt verdammt das Wort Gottes. 2. Der Teufel erregt viele Ärgernisse und Ketzereien. 3. Wir selbst sind schwach, auch wenn wir gläubig sind.

Durch diese drei Dinge wird das Urteil der Welt gegen uns bestärkt, so daß wir gottlos scheinen, obwohl wir gerecht sind. Aber dies ist ein Urteil, das im Namen des Fürsten der Welt ergangen ist. Darum dürfen weder die Gewalt der Tyrannen noch Weisheit und Heiligkeitsanspruch der Ketzer noch unsere Schwachheit uns von dem Glauben an Christus abwendig machen. Denn es steht geschrieben (Ps 51,6): »Auf daß du recht behältst in deinem Urteilsspruch.« Daß dieses Übel in der Welt sei, ist notwendig, aber noch notwendiger ist, daß das Wort siege und die Welt verdammt werde. WA 3405

Es ist das unverschämteste Laster und der größte Betrug des Satans, daß wir den Menschen mehr vertrauen als Gott. Ich tue mehr Gutes an meiner Käthe und an euch allen als an Christus, obwohl ich doch weiß, daß niemand soviel für mich getan hat wie er. Und obgleich er mir so Großes erwiesen hat, fürchte ich ihn mehr als ich ihn liebe. Sogleich, wie ich sage: Ja, ich bin ein armer Sünder, antwortet Christus: Deshalb bin ich für dich gestorben, deshalb habe ich dich getauft, deshalb unterrichte ich dich täglich. Wie geduldig er den derben Charakter der Apostel ertragen hat und wie überaus sanftmütig er mit ihnen umgegangen ist, darauf müssen wir achtgeben. Christus ist, verglichen mit allen, die von Natur ganz und gar sanftmütig sind, doch allein ein Lamm, jene geradezu Löwen. Dies alles kehrt mit höchster Kunst der böse Geist um und macht einen strengen Richter aus dem überaus milden Christus. Du aber sollst wissen, daß es nicht Christus ist, der schreckt, sondern das ist der Teufel. WA 2458

PHILOSOPHIE UND VERNUNFT

Die Philosophie ist gewissermaßen die Theologie der Heiden und der Vernunft. WA 4

Die Philosophie versteht nichts von heiligen Dingen, und ich habe Sorge, man werde sie zu sehr mit der Theologie vermischen. Ihren Gebrauch mißbillige ich nicht, aber wir wollen uns ihrer bedienen wie eines Schattenbildes und einer Komödie und weltlicher Gerechtigkeit. Aber zu wollen, daß sie Sache der Theologie sei, das darf nicht sein. WA 5245

Wenn ein Epikureer [unmittelbarer oder mittelbarer Schüler des griech. Philosophen Epikur, 4./3. Jh. v. Chr.] über Gott nachdenkt und sieht, wie es in der Welt zugeht, kann er daraus keinen anderen Schluß ziehen als den: Entweder kann Gott das nicht verhindern, dann ist er ein Schwächling und viel weniger allmächtig, als er gerühmt wird. Will er es aber nicht ändern, hindern oder verbieten, so ist er ein ungütiger, ja ungerechter Gott, der Lust und Freude daran hat, wenn es übel zugeht. Weiß er aber nicht, wie es in der Welt zugeht, so ist er ein unweiser, ja toller, törichter Gott. Auf solche Weise nimmt die Welt Gott ganz ungebührlich seine Allmacht, Gerechtigkeit und Weisheit. WA 432

Alle Völker, die keine Religion besitzen, müssen einen Aberglauben haben. Wir aber haben den großen Vorteil, daß wir wissen: Gott muß mit Ernst angerufen werden. WA 371

Diese Gedanken haben […] alle Philosophen: Bin ich fromm, so habe ich einen gnädigen Gott; wenn nicht, so gibt es keinen Gott usw. Das heißt, sich selbst zu Gott machen. Ich aber kann mir nicht vorstellen, wie es einem Menschen zumute sein müsse, der nicht davon überzeugt ist, daß es einen Gott gibt, da er doch täglich die Sonne aufgehen sieht usw. Er muß ja bisweilen darüber nachdenken, ob sie ewig gewesen ist, oder er muß die Augen in den Morast hineinstecken wie die Schweine; denn daß die Geschöpfe es nur mit ansehen und nicht daran denken, ob es jemanden gibt, der sie treibt, regiert und erhält, das ist unglaublich. WA 6568

Der Heide Plato [griech. Philosoph, 5./4. Jh. v. Chr.] disputiert von Gott, daß Gott nichts sei und doch alles. Dem folgten andere. Aber so sollte man es verstehen und davon reden: Gott ist unbegreiflich und unsichtbar; was man aber begreifen und sehen kann, das ist nicht Gott. Und das kann man auf eine andere Weise so sagen: Gott ist ein doppelter, er ist entweder sichtbar oder unsichtbar. Sichtbar ist er in seinem Wort und Werk; wo aber sein Wort und Werk nicht sind, da soll man ihn nicht haben wollen, denn er läßt sich anderswo nicht finden, als wie er sich selbst offenbart hat. Sie aber wollen Gott mit ihrem Grübeln begreifen. Daraus wird aber nichts; sie ergreifen den leidigen Teufel statt dessen, der will auch Gott sein.

Aber ich mahne eindringlich jedermann, daß er das Grübeln sein lasse und nicht zu hoch hinaus wolle, sondern hienieden bei Krippe und Windeln bleibe, darinnen Christus liegt, in dem die ganze Fülle der Gottheit leibhaftig wohnt, wie Paulus (Kol 2,9) sagt. Da kann man Gott nicht verfehlen, sondern trifft und findet ihn gewiß. Ich wünschte mir, daß man diese Regel nach meinem Tode hielte. WA 257

Die menschliche Vernunft lehrt nur Hände und Füße, Gott aber das Herz. WA 3112

Menschliche Vernunft verzweifelt entweder oder ist vermessen. Wo sie verzweifelt, stirbt sie ohne Kreuz und Licht [im Lateinischen ein Wortspiel: *sine cruce et luce*]. Ist sie aber vermessen, so geht sie auch dahin und wird betrogen. WA 6572

Ein der forschenden Betrachtung gewidmetes Leben, das außerhalb des Wortes geführt wird, ist Traum des Teufels; der Glaube aber, der ohne ersichtlichen Grund dem äußerlichen Wort Gottes glaubt, ist wahre Theologie und allein das rechte Leben forschender Betrachtung. WA 3117

Es sprach Doktor Martinus: Hier unterscheide ich so: Die Vernunft, die vom Teufel besessen ist, schadet sehr in Gottes Sachen, und je größer und geschickter sie ist, desto mehr schadet sie. Das sehen wir an weisen, klugen Weltleuten, die in ihrer Vernunft mit Gottes Wort nicht übereinstimmen; ja, je verständiger und klüger sie sind, desto mehr und hoffärtiger sind sie wider Gottes Wort. Wenn die Vernunft aber vom heiligen Geist erleuchtet wird, so hilft sie die heilige Schrift beurteilen. Des Gottlosen Zunge lästert Gott, meine aber lobt und preist ihn und ist doch nur ein Glied, ein Instrument, ein Werkzeug; an beiden ist es eben eine Zunge, wie vor und nach dem Glauben. Und die Zunge an sich, soweit eine Zunge, hilft nicht zum Glauben, und doch dient sie ihm, wenn das Herz erleuchtet ist. So dient die Vernunft dem Glauben auch, daß sie einem Ding nachdenkt, wenn sie erleuchtet ist; aber ohne Glauben hilft die Vernunft gar nichts, sie kann es auch nicht, ja, sie schadet mehr, da die Zunge ohne Glauben eitel Gotteslästerung redet. Wenn aber die Vernunft erleuchtet ist, so nimmt sie alle Gedanken aus Gottes Wort; nach diesem richtet und lenkt sie diese auch. Die Substanz und das Wesen bleiben, wie sie geschaffen sind, die Eitelkeit aber und das Böse gehen unter, wenn die Vernunft vom heiligen Geist erleuchtet wird. WA 439

VERGNÜGUNGEN

Für die Toten Wein, Wasser für die Lebenden – das ist eine Vorschrift für Fische. WA 2696

Der Wein ist gesegnet und hat ein Zeugnis in der Schrift, das Bier aber gehört zur menschlichen Überlieferung. WA 254

Wer die Musik verachtet, sprach D. M. L., wie es denn alle Schwärmer tun, mit denen bin ich nicht zufrieden. Denn die Musik ist Gabe und Geschenk Gottes, nicht ein Menschengeschenk. So vertreibt sie auch den Teufel und macht die Leute fröhlich; man vergißt dabei allen Zorn, Unkeuschheit, Hoffart und andere Laster. Ich gebe nach der Theologie der Musik die nächste Stelle und die höchste Ehre. Und man sieht, wie David und alle Heiligen ihre gottseligen Gedanken in Vers, Reim und Gesängen mitgeteilt haben, weil in einer Friedenszeit die Musik regiert. WA 7034

Singen ist eine feine, edle Kunst und Übung. Es hat nichts zu tun mit der Welt, es ist nicht vorhanden auf dem Marktplatz der Streitigkeiten. Es sorgt sich, wer singt, nicht viel, er vertreibt alle Sorgen und ist guter Dinge. WA 1300

Kartenspiel und Würfeln sind weit verbreitet. Denn mannigfache Spiele hat unsere Zeit erfunden. Sie hat es wahrlich gut ausgeglichen! Als ich ein Junge war, wurden alle Spiele verboten. Kartenmacher, Musikanten ließ man nicht zum Sakrament gehen, und man zwang sie, über ihr Spiel, den Tanz und ihre Schaustellerei die Beichte abzulegen. Jetzt wird viel gespielt. Sie verteidigen derartige Dinge als geistige Übung. WA 3526a

Christen ist es nicht untersagt, Lustspiele aufzuführen, bloß weil darin auch grobe Zoten und Buhlschaft vorkommen. Als Unterrichtsstoff sind sie sogar wertvoll, weil man sich durch die Komödien beispielsweise des Terenz [2. Jh. v. Chr.] in der lateinischen Sprache üben kann und lernt, was Knecht und Herrn, alt und jung gebührt; außerdem wird beschrieben, wie Kinder ihren Eltern gehorsam sein sollen und wie Eltern ihre Kinder zum Ehestand erziehen. Ohne diesen kann weltlich Regiment nicht gedeihen; denn eheloser Stand, Zölibat und Hurerei sind für die Welt Pestilenz und Gift. WA 867

Wenn Lustspiele wegen gewisser obszöner Dinge von einem Christen nicht aufgeführt werden dürften, dann dürfte man selbst die Bibel nicht lesen; denn auch in ihr ist zuweilen von Liebeshändeln die Rede. Wer sich aber durch solche Dinge beleidigt fühlt, der nimmt Anstoß ohne Grund. WA 3346

ÜBER DIE EHE

Über die Ehe, diese ehrwürdige und göttliche Einrichtung, sagte er viel Treffliches: daß sie nach der Religion der wichtigste Stand um vieler Ursachen willen sei; aber die Menschen, das Vieh auf dem Feld und der Bodensatz dieser Welt meiden sie wegen des (damit verbundenen) persönlichen Übels. Indem sie vor dem Regen weglaufen wollen, fallen sie dabei ins Wasser. Deshalb muß man es im Namen des Herrn wagen und das Kreuz tragen. Wir wollen die Ordnung Gottes beachten wegen der Aufgabe, Kinder zu zeugen. Auch wenn es diesen Grund nicht gäbe, so sollten wir sie dennoch ansehen als Heilmittel gegen die Sünde, um der Unkeuschheit zu wehren. WA 4814

Die höchste Gnade Gottes ist es, wenn in der Ehe die Liebe dauerhaft blüht und die Eheleute ganz füreinander da sind. Die erste Liebe ist glühend, eine trunkene Liebe, damit wir geblendet werden und wie die Trunkenen dahingehen. Wenn wir die Trunkenheit ausgeschlafen haben, dann bleibt in den Frommen die echte Eheliebe, die Gottlosen aber bereuen ihren Schritt. WA 3530

Daß Gott nicht will, daß die Ehe zerrissen werde, ist sehr gut, denn sonst würde sie aufhören und verschwinden, die Sorge für die Kinder geriete in Gefahr, der Hausstand würde einstürzen, und danach würden auch die öffentliche Ordnung und die Religion vernachlässigt werden. Es ist aber die Ehe die Grundlage des Hauswesens, der öffentlichen Ordnung, der Religion. WA 2815

Dokt. M. sprach von seiner Heirat: Wenn ich vor vierzehn Jahren hätte heiraten wollen, dann hätte ich mir die Eva von Schönfeld ausgesucht. Meine Käthe [Luthers Ehefrau Katharina von Bora] habe ich damals gar nicht geliebt; ich hatte sie immer in Verdacht, sie sei hoffärtig. Aber Gott hat es so gewollt, daß ich mich der gänzlich Verlassenen erbarmte. Und überaus glücklich wurde mir diese Ehe durch Gottes Gnade. Denn ich habe eine treue Frau, wie Salomo (Spr 31,11) sagt: »Es vertraut auf sie das Herz ihres Mannes.« Sie verdirbt es mir nicht. Ach, lieber Herrgott, die Ehe ist nicht etwas Natürliches oder Naturbedingtes, sondern sie ist ein Geschenk Gottes, ein überaus liebliches, ja ganz und gar keusches Leben und steht höher als jeder Zölibat und ehelos, allein zu leben. Wenn sie aber übel gerät, so ist sie die Hölle. Obwohl die Frauen sich im allgemeinen sehr auf die Kunst verstehen, die Männer mit Weinen, Lügen und Einreden zu betören, und sie alles fein verdrehen können, trotzdem – wenn diese drei Dinge im Ehestand bleiben: Treu und Glauben, Kindersegen und göttliche

Stiftung – dann ist der Ehestand reich gesegnet. Ach, wie sehnte ich mich, als ich einmal auf den Tod krank lag, nach den Meinen! Ich dachte schon, ich würde Frau und Kinder nie wiedersehen. Wie schmerzlich war mir diese Trennung! Jetzt glaube ich gern, daß besonders die Sterbenden solche natürlichen Neigungen empfinden. Aber nachdem ich wieder gesund geworden bin, liebe ich Frau und Kinder nur um so mehr. Niemand ist ein solcher Geistesmensch, daß er solche natürlichen Gefühle nicht hätte. Denn eine große Sache ist die Verbindung von Mann und Frau, beruht sie doch auf Naturgesetz sowie göttlicher Ordnung und Einsetzung. WA 4786

Die höchste Gnade ist es, eine Ehefrau zu haben, der du alles übergeben und das Deine anvertrauen, mit der du Kinder zeugen kannst usw. Gott aber stößt viele in die Ehe, ohne daß sie diesen Schritt vorher sorgfältig überlegt haben. Käthe, du hast einen frommen Mann, du bist eine Kaiserin! Danke Gott dafür! Aber zu einem solchen Stand gehören gute und fromme Leute. WA 2506

Das erste Jahr seiner Ehe macht einem Mann seltsame Gedanken. Denn wenn er am Tisch sitzt, denkt er: Vorher war ich allein, nun sind wir zu zweit. Wenn er im Bett erwacht, sieht er ein Paar Zöpfe neben sich liegen, die er früher nicht sah. Ebenso verursachen die Frauen ihren Männern, wie sehr diese auch beschäftigt sind, viele unnötige Störungen. So fragte meine

Katharina mich zuerst, als sie am Spinnrad neben mir saß, während ich angestrengt studierte: Herr Doktor, ist der Hochmeister des Ritterordens [vom Deutschen Orden im 13. Jh. gegründetes Staatswesen, 1525 reformiert und weltliches Herzogtum, 1618 an Brandenburg] des Markgrafen Bruder? WA 3178a

Auf die Frage, ob die Ehe zwischen einem jungen Mann und einer alten Frau, wo es keine Hoffnung auf Nachkommenschaft mehr gebe, eine Ehe zu nennen sei, antwortete der Doktor: Warum nicht!

Und er nannte aus der Genesis, dem ersten Buch Mose, von vier Argumenten als letztes, daß wegen der Würde des Ehestands auch in diesem Fall ein solcher zu billigen sei. Doch wolle er gern, daß man bei dieser Trauung die Worte weglasse: Seid fruchtbar und mehret euch! WA 5212

Kann es etwa sein, daß man die Ehe verbietet und verdammt, die doch auf natürlichem Recht beruht? Das ist so, als wenn man Essen, Trinken, Schlafen usw. verbieten wollte. Das sei ferne! Denn was Gott geschaffen und geordnet hat, das steht nicht in unserer Willkür, ob wir es annehmen oder verbieten möchten. Wir werden Gott nicht bezwingen oder werden Schande einlegen. WA 6909

Alle Werke Gottes sind der Welt verborgen. Denn wer kann die Ehe angemessen würdigen, aus der alle Nachkommenschaft für die Welt kommt. Von dort stammen auch das Hauswesen, die politische Ordnung usw. Die Welt aber, obgleich dies alles ungemein nützlich ist, sieht den Nutzen der Ehe nicht, sondern nur ihre Unannehmlichkeiten. Ich jedenfalls werde bis zu meinem Tod ein Befürworter der Ehe sein. WA 2406a

Eine Ehefrau ist bald genommen; aber sie stets lieb zu haben, das ist schwer, und der mag unserm Herrgott wohl dafür danken, wer das kann. Man soll ihrer nicht schon nach einem halben Jahr überdrüssig sein und sich der Magd im Haus zuwenden. Denn wir ekeln uns vor Anwesendem, Abwesendes lieben wir [vgl. Ovid, *ars amat.* I 717]; was erlaubt ist, wird wenig geschätzt, was nicht erlaubt ist, brennt um so heftiger. Darum wenn einer eine Ehefrau heimführen will, so soll er das ernsthaft angehen und unsern Herrgott bitten: Lieber Herrgott, ist es dein göttlicher Wille, daß ich so ohne Ehefrau leben soll, so hilf du mir; falls nicht, so beschere mir ein gutes, frommes Mädchen, mit dem ich mein Leben zubringe, das ich lieb habe und das mich liebt. Denn die fleischliche Zuneigung allein reicht nicht aus; Charakter und Sinnesart müssen übereinstimmen. WA 5524

Überaus herrlich sind Worte des heiligen Geistes (Spr 31,11): »Es vertraut auf sie das Herz ihres Mannes«. Mit diesen beschreibt er die Gemeinschaft und den freundlichen Verkehr zwischen den Eheleuten, die man zwischen anderen nicht findet. Es ist deshalb ein böses Zeichen, wenn sich ein Ehegatte über das Weggehen des andern Ehegatten freut und erschrickt über seine Rückkehr. Darum unterwies eine angesehene Dame ihre Tochter so: Liebe Tochter, verhalte dich so gegenüber deinem Mann, daß er froh wird, wenn er den Giebel am Haus (von ferne) sieht, sobald er heimkehrt. Es ist ein schlimmes Werk des Teufels, wenn er diese so große Verbindung und Ordnung Gottes auflöst. Durch natürliches und göttliches Recht werden die Eheleute verbunden, und der Teufel nimmt beides weg durch Haß und Zank. Ach, weg mit ihm! WA 2542a

Eheleute müssen gute Menschen sein, und Frieden zu haben in der Ehe ist eine Gabe, die dem Evangelium am nächsten kommt. Die aber lieblos sind und sich weder um die Kinder kümmern noch um die Ehegatten, das sind nicht Menschen, sondern sie sind beinahe Tieren sehr ähnlich. WA 2350a

Es ist eine besondere und große Gnade, wenn sich Eheleute in ihrer Ehe gut vertragen. Das schätzt der Teufel gar nicht. WA 1794

Wenn ein älterer Mann eine junge Frau heiratet, so heißt das, diesen älteren Mann auf bürgerliche und natürliche Weise umzubringen. WA 2012

Es ist eine große Sache, wenn einer eine Frau immerdar liebhaben kann, denn der Teufel läßt das selten zu: Sind sie voneinander, so kann er das nicht leiden; sind sie beieinander, so mag er das ebenfalls nicht. Wie man zu sagen pflegt: Ich kann mit dir nicht leben, aber auch nicht ohne dich. Darum gehört es dazu, fleißig zu beten. Ich habe viele Paare Ehevolks gesehen, die in so großer Brunst zusammengekommen sind, daß sie einander vor Liebe haben fressen wollen; aber es war kaum ein halbes Jahr vergangen, da liefen sie wieder auseinander. WA 6910

Einen Ehebruch gibt es zweifach vor Gott. Der erste ist geistlich, da einer des andern Frau oder Mann begehrt (Mt 5,28). Dem entkommt niemand. Der andere ist leiblich, wenn eine Frau im öffentlichen Ehebruch ergriffen wird. Das ist scheußlich und wird dennoch in der Welt fast als Ehre gerechnet. Daher sagte ein angesehener Mann zu Luther, er habe nicht gedacht, daß Ehebruch eine so große Sünde sei. Aber er ist eine Sünde gegen Gott, gegen den heiligen Geist, gegen Land- und Hausregiment; denn eine Ehebrecherin bringt einen fremden Erben ins Haus und betrügt den Ehemann. WA 3510

Gott schuf Mann und Frau: die Frau, sich zu mehren, den Mann, zu nähren und zu wehren. Die Welt aber verdreht das sofort: Die Frauen mißbraucht sie zur Wollust, das Wehren aber zur Tyrannei. WA 103

Mein Rat gilt allen, die heiraten wollen, daß sie nicht scherzen, wenn sie Frauen zur Ehe nehmen wollen. Und sucht ja nicht, mit ihnen verbunden zu werden nach den Lüsten des Fleisches und der Brunst, sondern betet, betet. Denn wenn man eine Frau bekommen hat, darf man nicht zurückgehen, wenn die Sache schief läuft. Denn die Frauen, die man bekommt, sind Mitgifte, die man bekommt. Betet nur, das ist nötig. Selbst wenn eine Frau schließlich bitter wie Essig schmeckt, man muß sie dennoch ertragen, denn jetzt gehört sie ins Haus. WA 2542a

Doktor M. war einst zornig über den Ungehorsam der jungen Mädchen, die er als Pflegetöchter in seinem Haushalt hatte, und befahl, man solle sie mit einem Stock züchtigen, auf daß ihnen das Mann-Nehmen vergehe. Denn es sei nicht ratsam, daß junge Leute in der ersten Hitze und plötzlich heirateten. Denn wenn sie ihren Vorwitz erkannt hätten, so gereue es sie alsbald, und es könne keine beständige Ehe bleiben. Aber wenn sie in die reiferen Jahre kämen, dann sollten sie heiraten, aber nach Gottes Rat und der Eltern Mitwissen und Einwilligung. Sonst kommt das Hündchen Reue, das viele Leute beißt, wie denn auch das Hündlein Stölzchen vielen Menschen schadet. WA 3615

Das Gesetz richtet Zorn an auch in bürgerlichen Dingen (Röm 4,15). Bei allem, was wir tun müssen, geschieht uns Übles, selbst wenn man durch das Gesetz gezwungen würde, jede Woche eine neue Frau zu heiraten. Deshalb lieben wir die Huren und hassen die Ehefrauen. Darum ist es das Zeichen eines rechtschaffenen Mannes, Gattin und Kinder lieben zu können. WA 2858a

Es gibt keine lieblichere Gemeinschaft als die einer guten Ehe, und keine Trennung ist bitterer als die einer guten Ehe durch den Tod. Am nächsten kommt dem der Tod der Kinder; ich habe erfahren, wie wehe der tut. WA 250

Es schmerzt mich sehr, daß Männer und Frauen so unbändige Trauer zeigen, wenn einer von ihnen stirbt, und doch den anderen so rasch vergessen und bald wieder heiraten. WA 1499

ÜBER FRAUEN

Der heilige Geist rühmt die Frauen, Beispiele dafür sind Judith, Esther und Sara. Bei den Heiden werden Lukretia [altröm. Sagengestalt, von einem Königssohn entehrt, nahm sich deshalb das Leben] und Artemisia [kämpfte als Anführerin eines Flottengeschwaders 480 v. Chr. bei Salamis auf Seiten der Griechen »tapfer wie ein Mann« – so anerkennend der Perserkönig Xerxes gemäß Herodot, 5. Jh. v. Chr., vgl. *hist.* VIII 88] gerühmt. Einen Ehestand kann es ohne Frauen nicht geben. Das beste Mittel gegen die Unzucht ist es, eine Frau zu heiraten, des Lebens beste Gefährtin ist eine Frau. Frauen pflegen zu gebären und die Kinder aufzuziehen, sie besorgen den Haushalt, zur Barmherzigkeit sind sie geneigt; denn sie sind von Gott dazu geschaffen, Kinder zu gebären, die Männer mit Liebe zu erfreuen, barmherzig zu sein. WA 12

An einer Ehefrau findet man viele Vorzüge zugleich: Den Segen des Herrn, die Nachkommenschaft, die Vertrautheit mit den Dingen, was alles so große Gaben sind, daß sie einen Menschen erdrücken könnten. Stellt euch vor, das weibliche Geschlecht gäbe es nicht. Es brächen zusammen das Haus und was zum Haushalt gehört, es brächen zusammen die politischen Einrichtungen, die Gemeinden. Die Welt kann also Frauen nicht entbehren, selbst wenn die Männer mit ihrem Körper Kinder gebären könnten. WA 1006

Wenn das weibliche Geschlecht anfängt, die christliche Lehre aufzunehmen, dann ist es in Glaubensdingen viel eifriger als Männer, wie man es bei der Auferstehung (Joh 20,1 ff.) sieht: Magdalena war beherzter als Petrus. WA 1858

Eine Frau wird gerühmt für ihre Geselligkeit und ihren Frohsinn. »Es vertraut auf sie das Herz ihres Mannes.« (Spr 31,11). Groß ist der Lobpreis einer Ehefrau. Dieses Gutes berauben sie sich allerdings durch das Unheil, das sie auch anrichten. WA 3076

Es gibt keinen Rock, der eine Frau oder Jungfrau so schlecht kleidet, wie wenn sie klug sein will. WA 1555

Wenn ich noch einmal heiraten sollte, würde ich mir eine gehorsame Ehefrau aus einem Stein hauen; anders bin ich verzweifelt an aller Frauen Gehorsam. WA 2034

Frauen reden gekonnt über die Dinge des Haushalts, mit großer Anmut und Eleganz, und zwar so, daß sie selbst Cicero übertreffen, und was sie mit ihrer Redekunst nicht bewirken können, das setzen sie mit Tränen durch, wie es auch von Cicero erzählt wird. Zu solcher Beredtheit sind sie geradezu geboren; denn sie sind darin viel geschickter als wir, die wir diese Fertigkeit erst durch lange Übung und Beschäftigung uns verschaffen. Aber wenn sie jenseits von Haushaltsdingen über politische Fragen reden, so bringen sie nichts zustande. Zwar finden sie genug Worte, aber sie begreifen den Sachverhalt nicht und reden dennoch. Wenn sie daher über öffentliche Fragen sprechen, so sprechen sie so konfus und unpassend, daß man sich größeren Unsinn nicht vorstellen kann. Daher ist klar, daß die Frau geschaffen ist für den Haushalt, der Mann aber für die Politik, für Kriege und Rechtsgeschäfte. WA 1054

Meine Frau kann auf mich einreden, sooft es ihr beliebt, denn sie hat in ihrer Hand allein die ganze Herrschaft. Ich gestehe ihr zwar gern die ganze Herrschaft im Hauswesen zu, aber ich möchte, daß mein Recht außerhalb unverletzt ist und uneingeschränkt. Weiberregiment hat noch nie etwas Gutes ausgerichtet. So machte Gott den Adam zum Herrn über alle Geschöpfe; aber als Eva ihn beschwatzt hatte, er sei auch Herr über Gott, da verdarb sie alles. WA 2847a

ÜBER DIE KINDER

Je mehr Kinder, desto größeres Glück. WA 3613

Darauf wandte er sich an sein Kind und sprach: Du bist unseres Herrgotts Närrchen und stehst unter der Gnade und Vergebung der Sünden, nicht unter dem Gesetz. Du brauchst nichts zu fürchten. Wie du es machst, so ist es unverdorben. WA 1406

Indem er sodann seinen Sohn anschaute, lobte er seine Einfalt und Unschuld, da der auch im Glauben viel gelehrter sei: Denn Kinder glauben ohne jedes Disputieren ganz einfältig, daß Gott gnädig ist, das Leben ewig. Oh, wie wohl geschieht den Kindern, die in dieser Zeit sterben! Zwar entstände mir der größte Schmerz, denn ein Teil meines Körpers stürbe (mit dem Kind), auch ein Teil des Innern seiner Mutter. Solche Liebe hört auch bei den Frommen nicht auf, so lieblos und hartherzig können sie nicht sein. Denn diese Gefühle sind das Werk der göttlichen Schöpfung. Die Kinder leben ganz rein im Glauben, ohne groß zu überlegen, wie Ambrosius [im 4. Jh. Bischof von Mailand] sagt: Es fehlt (ihnen zwar) an Vernunft, aber es fehlt nicht am Glauben. WA 4367

Er spielte einmal mit seiner Tochter Magdalene und fragte sie: Lenchen, was wird dir der heilige Christ bescheren? Und er fügte hinzu: Die Kinder haben so feine Gedanken von Gott, daß er im Himmel sei und daß er ihr Gott und Vater sei. WA 2302b

Der Kinder Glauben und Leben ist am besten, denn sie haben nur das Wort, an das halten sie sich und geben Gott ganz einfältig die Ehre, daß er wahrhaftig sei, und halten für gewiß, was er verheißt und zusagt. Wir alten Narren aber haben das Herzeleid und das höllische Feuer und disputieren noch lange über das Wort, an das die Kinder, ohne zu disputieren, reinen Herzens glauben. Dennoch müssen wir uns, wollen wir selig werden, nach ihrem Beispiel allein ans Wort halten. Denn so spricht Christus (Mt 18,3): »Wahrlich, ich sage euch, wenn ihr nicht umkehrt und werdet wie die Kinder, so werdet ihr nicht in das Himmelreich kommen.« Es ist des Teufels Kunststück, ja Tücke, daß wir uns durch andere Geschäfte vom Wort so liederlich abbringen lassen und meinen, es sei an denen mehr gelegen als an Gottes Wort. Bisweilen geschieht das auch, ohne daß wir daran denken, daß so viel daran gelegen ist. Wir sind fürwahr arme Leute, darum ist es am besten: Nur bald gestorben und begraben. WA 18

ERZIEHUNG DER KINDER

Man soll ein Kind strafen, aber (man soll) ihm auch zu essen und zu trinken geben, damit man sehe, daß man es gern brav hätte. So sagt Salomo (Spr 19,18): »Du sollst deinen Sohn züchtigen, aber deinen Sinn nicht dazu bewegen, ihn zu töten.« Man soll ein Kind erziehen, »solange Hoffnung da ist«. Wenn man aber sieht, daß keine Hoffnung da ist, daß es etwas lernen kann, dann soll man das Kind darum nicht totschlagen, sondern es an etwas anderes gewöhnen. Ein Teil der Lehrer ist so grausam wie die Henker. Auch ich wurde einmal vormittags fünfzehnmal ohne alle Schuld geschlagen: Ich sollte deklinieren und konjugieren und hatte es nicht gelernt. Anton Tucher aus Nürnberg (1457–1524) pflegte zu sagen: Gute Worte und Strafe gehören zusammen für den, der das Sagen hat. Man muß freundlich zu den Leuten sein, aber nichtsdestoweniger auch immer strafen! WA 5571

Paulus sagt (Eph 6,4; Kol 3,21): »Ihr Väter, reizt eure Kinder nicht zum Zorn, auf daß sie nicht scheu werden.« Er will damit sagen: Gebt ihnen Schläge, wenn sie es verdienen, und doch gute Worte dazu, damit sie nicht scheu werden und (schließlich) nichts Gutes mehr von euch erwarten. Es ist sehr schlimm, wenn der Sohn einen anderen mehr liebt als seinen Vater. Ein Vater muß irgendwie zu erkennen geben, daß er es nicht ganz verderben wolle. Denn ausschließlich Gesetz ist zu nichts nütze, ja es ist unerträglich. Paulus und Petrus sind erfahrene Leute gewesen; sie müssen Ehefrau und Kinder gehabt haben. WA 442

Es ist eine wunderbare Gnade, daß die jüngeren Kinder den Eltern immer die lieberen sind. Mein jüngstes Kind (ist) mein größter Schatz. Und notwendig ist diese Zuneigung zu ihnen, da sie der größten Fürsorge bedürfen. Die (älteren Kinder), die angefangen haben zu sprechen, können auf irgendeine Weise schon für sich sorgen. Die ganz Kleinen, die noch nicht sprechen können, bedürfen unserer Sorge in besonderer Weise. Daher kann das Herzpochen Abrahams verstanden werden, als er hinging, seinen einzigen Sohn zu töten usw. Er wird der Sara nichts davon gesagt haben. Ich wollte wahrlich mit Gott disputieren, wenn er mir so etwas auferlegen wollte. WA 2754a

VON DEN TUGENDEN

Die vier Haupttugenden hat man gut aufgeteilt: das Maßhalten erhält den Leib, die Gerechtigkeit ernährt, die Tapferkeit wehrt, die Weisheit regiert alles. WA 32

»Gebt, so wird euch gegeben« (Lk 6,38). Das ist ein unangreifbarer Spruch, der die Welt reich und arm macht. Die nichts geben und meinen, dadurch ihren Kindern mehr zu hinterlassen, die werden nichts zurückbehalten. Diese Krankheit wird alles verderben, wie es vielen Reichen geschieht und bald geschehen wird. Das Sprichwort bleibt wahr: Unrecht Gut gedeihet nicht, kommt an den dritten Erben nicht; übel gewonnen, übel zerronnen. Dagegen: Wer gibt, dem wird gegeben werden. Das erhält mein Haus. Wer etwas haben will, der muß auch geben. Geiz bringt Armut. WA 5181

Wahre Gerechtigkeit empfindet Mitleid, falsche Unwillen. WA 1081

Die vorzüglichste der Tugenden ist die Geduld, die in der Schrift vom heiligen Geist sehr empfohlen und in der Erfahrung des Kreuzes erprobt wird. Obwohl auch die Philosophen sie hoch schätzen, so kennen sie doch weder deren wesentliche Grundlage, noch können sie sie über den Willen und die Hilfe Gottes stellen. Epiktet, der weise griechische Heide [1./2. Jh. n. Chr., Verfasser des *Encheiridion*, eines der stoischen Lehre verpflichteten Handbüchleins, in dem er vom Pathos, dem Leiden, kraft des *logos* hinweg zur *eudaimonia*, zur Glückseligkeit führen will], hat sehr schön gesagt: Leide und meide! So haben auch die Juden in ihrer Sprache trefflich formuliert:

Glaube nicht alles, was du hörst;
sage nicht alles, was du weißt;
tu nicht alles, was du magst. WA 6018

Jemand entschuldigte sich, er wollte den Leuten gern mit Wohltaten helfen, wenn ihn die Undankbarkeit der Menschen nicht so abschreckte. (Luther) antwortete: Wohltaten müssen verborgen sein und nicht auf Ruhm bedacht, sie sollen geräuschlos und ohne Eigennutz erbracht werden. WA 4162

Der Gehorsam des Fleisches gegenüber dem Geist – das hieße das Paradies selbst. WA 302

Wir müssen uns verhalten wie Gott, der alles weggibt und ausschüttet. Er gibt weg den Himmel, die Erde, Gold, Silber, Getreide und läßt seine Sonne aufgehen über Gute und Schlechte, deren Zahl immer größer gewesen ist als die der Guten. WA 1962

Es ist natürlich, daß der, der von anderen Wohltaten verlangt, selbst auch wohltätig ist gegenüber anderen. WA 2175

»Wer im Geringsten treu ist, der ist auch im Großen treu; wer im Geringsten untreu ist, der ist auch im Großen untreu« (Lk 16,10). Die Ursache dafür: An den Lappen lernen die Hunde Leder fressen. Also auch, wer im Geringsten fleißig ist, der ist auch im Großen fleißig.

Wer den Pfennig nicht achtet, der wird keines Guldens Herr.

Wer eine Stunde versäumt, der versäumt auch wohl einen Tag.

Wer das Geringe verschmäht, dem wird das Große nicht (zuteil).

Wer den Kopf verschmäht, der erhält das Huhn nicht.

Wer ein Geringes nicht einer Überlegung für wert hält, der wird immer mehr zuschanden. (Sir 19,1)

Wer lässig ist in seinem Tun, der ist ein Bruder dessen, der sich selbst zugrunde richtet. (Spr 18,9)

Zu späte Sparsamkeit: Mit dem Sparen hat man zu lange gewartet, wenn nichts mehr da ist.

Sparsamkeit als gute Einnahmequelle: Der Sparpfennig bringt mehr ein als der Zinspfennig.

Wer die Buchstaben gering achtet, der wird nie etwas Großes lernen.

Wer sich mit hundert Gulden nicht ernähren kann, der ernährt sich auch mit tausend nicht.

Vorn an der Stirn ist sie behaart, hinten kahl: die günstige Gelegenheit. WA 4801

SÜNDE UND ANFECHTUNG

Wenn wir täten, was wir sollten, und nicht machten, was wir wollten, dann hätten wir auch, was wir haben sollten. Nun tun wir, was wir wollen, und nicht, was wir sollen, darum müssen wir auch aushalten, was wir nicht wollen. WA 1896

Gott der allmächtige, ewige und barmherzige, der langmütige, keusche liebt die Keuschheit, die Scham und Sittsamkeit lobt er, die heilige Einrichtung der Ehe begünstigt und erhält er, damit jeder in Reinheit sein Gefäß erhalte (1 Thess 4,4) und fernbleibe den ausschweifenden Lüsten. Denn Unzucht, Hurerei, Ehebruch, Blutschande, Lotterbett bestraft er mit Schimpf und leiblich. Wer so etwas tut, den verbannt er mit folgenden Worten: »Solche Leute werden in das Reich Gottes nicht einziehen.« (1 Kor 6,9) Laßt uns also wachen und beten, kraft der Beispiele aller Zeiten achtsamer, vor allem durch dieses letzte Weltalter ermahnt. WA 6218

Ich habe drei böse Hunde: Undankbarkeit, Überheblichkeit und Neid. Wen die drei Hunde beißen, der ist sehr übel gebissen. WA 5022

Am 6. Mai (1538) sagte er von der menschlichen Anmaßung: Obwohl alle Menschen spüren, daß sie sterblich sind und hinfällig, dürste dennoch jeder nach Unsterblichkeit hier auf Erden. Früher suchten die Könige durch den Bau von Pyramiden unsterblich zu werden, wie jetzt durch große Dome und Bauwerke. Die Soldaten jagen dem Sieg nach, und die Schriftsteller wollten durch Herausgabe ihrer Bücherbände einen ewigen Namen erwerben, wie wir sehen, daß es jetzt auch in diesem Jahrhundert geschieht. Aber dabei wird auf den Ruhm und die Ewigkeit Gottes nicht geachtet. Ach, was sind wir armselige Menschen! WA 3865

Die höchste Anfechtung in der Welt ist es, daß niemand getreu seinem Beruf nachgeht, vielmehr wollen alle dem Müßiggang frönen. Ich selbst, erschöpft und voll von Sorgen, werde von vielen Geschäften geplagt. Andere wollen müßig gehen und nichts tun. Ich bin der Meinung, wenn wir nicht arbeiten müßten, also dazu getrieben, so täten wir es auch nicht. WA 3833

Im Jahr 1539 wetterte Doktor Martinus so erbittert gegen die Habsucht der Bauern, die ihr Getreide verstecken, weil sie eine Teuerung erwarten, daß sich gottlob drei Bauern bereits erhängt haben. Denn die Ausplünderer eines ganzen Landstrichs sind würdig einer solchen Strafe. Ist doch diese Teuerung eine willkürliche Teuerung. Gott hätte noch genug gegeben, es wächst auch noch alle Tage. Allein dadurch, daß uns der Teufel verführt hat, mutwillig eine Teuerung zu machen, werden wir zu Mördern und Dieben an unseren Nächsten. Denn Christus sagt (Mt 25,42): »Ich bin hungrig gewesen, aber ihr habt mich nicht gespeist.« Denke du nur nicht, daß du der Strafe entgehst, der du das Getreide teurer verkaufst, denn du bist an des Armen Hungertod schuld. Der Teufel wird dich holen. Die also fromm sind und Gott vertrauen, die sollen beten um das tägliche Brot und gegen diese Räuber, auf daß sie entweder zugrunde gehen oder sich bessern. WA 4746

Der Doktor sagte: Öffentliche Wucherer soll man in den Bann tun, wie ich jetzt mit einem Edelmann verfahren bin, das heißt, man soll ihm nicht das Sakrament reichen. Da fragte jemand: Was ist, wenn er Buße täte? Darauf antwortete D. M. Luther: Dafür gibt es eine feste Regel. Er muß ein Zachäus werden (Lk 19,2 ff.), und was er zuviel genommen hat, zurückgeben, denen er es abgeluchst hat, oder er büßt nicht recht. Denn auch nach bürgerlichem Recht kann er es nicht guten Gewissens behalten, geschweige denn nach göttlichem Recht. Und wer mit ihm ißt und trinkt, der macht sich zum Komplizen seiner Sünden. WA 5216

Es ist ein ungleicher Vertrag, wenn der eine Teil nach eigenem Willen handeln kann, der andere aber unter Zwang steht; denn jener bestimmt den Preis der Ware nach seinem Gefallen. WA 3020

Ein verhärtetes Herz läßt sich nicht bewegen durch Versprechungen, nicht rühren durch Wohltaten, nicht erschrecken durch Drohungen und nicht bessern durch Heimsuchungen. WA 1092

Als jemand fragte, ob auch einer in der Beichte loszusprechen sei, von dem alle wüßten, daß er ein Wucherer gewesen sei, sofern der also im Todeskampf aufrichtig bereue, antwortete Luther: Gewiß! Wenn er sagt und es auch tut, daß er alles das, was er erwuchert und erpreßt hat, zurückgeben will, gemäß dem Wort (3 Mos 5,20 ff.): Sünde wird nicht vergeben, wenn nicht das Weggenommene erstattet wird. Er soll und muß es zurückgeben, sonst ist die Reue falsch. WA 5593

Groß ist die Habgier der Menschen, die auch zu der Zeit des Evangeliums niemandem zu Hilfe eilen in seiner Not. Luther antwortete: Wenn auch unser Herz nicht so sehr geneigt ist zum Geben, so muß doch ein Christ seiner Pflicht zum Liebeserweis eingedenk sein, so daß er fröhlich (zum Geben) sei um dieser Pflicht willen, wie dagegen die Verprasser beinahe alles vergeuden. So sagt denn Seneca zu einem Verschwender: Du hast die Krankheit, daß du mit Freuden hergibst. Denn jene Verschwendungssucht ist gewiß nicht zu loben, die ganz und gar vernachlässigt die Sparsamkeit. WA 4152

Einem, der in Versuchung geführt wurde, gab er den Rat, er solle nicht allein sein und nicht von sich selbst abhängen, sondern er solle die Ratschläge und Tröstungen anderer aus Gottes Wort gebrauchen, da niemand, der in Versuchung geführt werde, seiner selbst mächtig sei. WA 3897

Dann gab er einem in seinen Anfechtungen einen Rat und sagte schließlich: Keines Menschen Leben verläuft völlig in Frieden, denn jeder hat seine Versuchung, und wenn er sich gleich selbst Unruhe machen sollte. Denn niemand ist zufrieden mit seinem Los: Der Verheiratete will unverheiratet sein, der Unverheiratete will verheiratet sein, der Herr ein Knecht, der Knecht ein Herr, der Arme reich sein, und der Reiche will noch mehr. WA 3816

Viel redete er über die Anmaßenden und die Ehrgeizigen, als er den Brief eines klug sein wollenden Schreibers an ihn las: Die Kunst kann nicht verborgen werden; wenn der Bauch bersten will, ist es Zeit, daß man das durch Predigen und Schreiben wieder los wird. – Das sagte er ironisch und fügte hinzu: Die Arroganz ist das Haupt der Schlange. WA 3559

Mißgunst und Hochmut sind zwei Laster, die sich schmücken, wie sich der Teufel in die Gottheit kleidet: Die Mißgunst will Gerechtigkeit sein, der Hochmut Wahrheit. WA 382

Es gibt keine schlimmere Mißgunst in der ganzen Welt als die der Heuchler. In einem Wegelagerer, in einer

Dirne wohnt eine größere Barmherzigkeit als in einem Heuchler. WA 1711

Am arrogantesten ist die Hoffart der Heuchler, wenn sie sich selbst demütigen und Gott dafür danken. Das sind die Leute, die meinen, alles zu verstehen und alles besser zu wissen als andere, die sie wie Gänse verlachen, die alles anfechten und nur das gelten lassen, was ihnen gefällt. Das sehen wir am Pharisäer, und doch bewirft er mit Kot seine ganze Demut, indem er sagt (Lk 18,11): Ich bin nicht wie die übrigen, auch nicht wie der Zöllner da. WA 2376a

Luther tadelte seinen Famulus wegen eines Vergehens und sagte: Hast du es getan, so bekenne es mir; die Sache ist schlimm genug. Ich hasse am meisten die, die sich vergehen und es dann nicht zugeben. So ist die ganze Welt: Etwas (Böses) tun und es dann abstreiten. Weder Gott noch die Welt kann solches leiden. Deshalb sagte David (Ps 32,5): »Ich sprach: Ich will dem Herrn meine Übertretungen bekennen.« Und Cicero schreibt in seinem Buch über die Grenzen des Guten und des Bösen: Das Maß der Strafe hängt ab vom Eingeständnis des Vergehens. Ach, nur frei bekannt, so wird das Strafmaß geringer! WA 3536

Doktor Martinus Luther sagte einmal, daß in den Lebensbeschreibungen der Väter folgende Geschichte stehe: Ein junger Einsiedler habe viele böse Lüste und Begierden gehabt und nicht gewußt, wie er sie loswerden solle. Darum habe er einen Altvater um Rat gefragt, was er tun solle. Da hat dieser gesagt: »Du kannst nicht verhindern, daß die Vögel hin und wieder durch die Luft fliegen, aber daß sie dir in den Haaren nisten, das kannst du ihnen wohl verwehren.« So wird keiner sein, den nicht böse Gedanken heimsuchen, aber man soll sie wieder vertreiben, auf daß sie nicht tief in uns einwurzeln. WA 7075

Es gibt zwei verschiedene Sünden: (Zum einen) schwere Sünden, die auch die einfachen Menschen beurteilen können. Die können nicht vertuscht werden, wie z. B. Davids Ehebruch und Totschlag. Außerdem verborgene, wie z. B. Ungehorsam gegen Gott oder eine Gerechtigkeit und Gottesverehrung ohne Gottes Wort. Das läßt sich fein vertuschen und will keine Sünde sein. Deshalb ist es schwer, zu urteilen über Sünden, es sei denn aus dem Wort Gottes. Die Juden können es bis heute nicht glauben, daß Saul ein größerer Sünder war als David. Davids Sünde war einfach und schien die größere zu sein, Sauls Sünde dagegen war eine doppelte, schien aber kleiner zu sein. Darum behüte uns Gott vor doppelter Sünde! WA 5102

Aus Irrtum sündigen mag noch hingehen; aber mit Überlegung und Eifer sündigen wollen, das ist zu viel. WA 5379

Wer in Sünde gefallen ist, der soll darum nicht verzweifeln, sondern sich bessern und aufhören zu sündigen. Judas, der Christus verriet, beging eine große Sünde, aber nicht zum Tode; danach, als es ihn gereute, er sich durch den Glauben aber nicht wieder aufrichtete, wurde die Sünde schwerer und größer, und die Folge war, daß er verzweifelte. WA 1537

VON DER LÜGE

Eine Lüge ist wie ein Schneeball: Je länger man ihn wälzt, desto größer wird er. WA 340

Der Mensch ist ein Lügner, aktiv und passiv, das heißt, er begeht und erleidet die Lüge. Denn wer auf Menschenkinder vertraut, wird verflucht (Jer 17,5). WA 2227

Die Schlange ist das Abbild der Lüge. Denn sie windet sich immer, ob sie kriecht oder ob sie daliegt; nur wenn sie tot ist, ist sie gerade. WA 4890

Ein Lügner muß ein gutes Gedächtnis haben, weil jeder aus seinen Worten gerechtfertigt oder verdammt wird. WA 2084

Die Welt will betrügen oder betrogen werden; darum kommt die Welt mit der Wahrheit nicht ins Geschäft. WA 2117

REICHTUM UND GEIZ

Am 2. Oktober 1538 beklagte Dokt. Martin die überaus erbarmenswerte Verwirrung der öffentlichen Ordnung durch jene teuflische Habsucht, die jede weltliche Gerechtigkeit, jedes Pflichtgefühl, alle Ordnungen und Verträge auflöse. Jeder sei bedacht, sich möglichst viel Geld zusammenzuschachern. Getreide und Nahrungsmittel schätzen diese von Habgier Getriebenen nicht so hoch wie Geld, das sie doch nicht verzehren können. Dennoch ist der Welt alles um das Geld zu tun, als hinge Seele und Leib daran. Man verachtet Gott und den Nächsten und dient dem Mammon. Schaut bitte unsere Zeit an, wie diese ganz und gar habsüchtigen Leute aus Adel, Bürgertum und Bauernstand den Glauben mit Füßen treten! Sie vertreiben die Prediger durch den bittersten Hunger und wollen unserm Herrgott sein Haus nicht bauen. Deshalb wird ihnen ihr Haus wieder zerfallen, wie die Propheten Haggäus (1,5 ff.) und Malachias (3,8 ff.) genug Schreckliches androhen ihren Verächtern, die rein gar nichts für die Verehrung Gottes geben wollten. Deshalb werde auch ihnen Gott nichts geben, vielmehr würden sie durch Hunger und Krieg umkommen. Schlag selbst die Stellen bei den Propheten nach! Warum sollte dasselbe nicht unserer Zeit geschehen?

Es werden schreckliche Zeiten kommen, größere Strafen als über Sodom und Gomorrha. WA 4036

Allein Gott ernährt uns, nicht Reichtum, denn dieser macht unverschämt und faul. Geld kann den Hunger nicht stillen, sondern ist im Gegenteil der Grund für Hunger, da dort, wo reiche Leute sind, alles teuer ist. Außerdem macht das Geld niemanden fröhlich, es macht einen mehr betrübt und voller Sorgen. Das sind nämlich die Dornen, die die Menschen stechen, wie Christus (Mt 13,22) den Reichtum nennt. Dennoch ist die Welt so töricht und will all ihre Freude darin suchen. WA 3145c

Ein Mensch, der sich der Welt Reichtum und Ehre ergeben hat und deshalb seine Seele und Gott vergißt, der ist gleich einem kleinen Kind, das einen Apfel in der Hand hält, der schön ist von Gestalt und äußerer Farbe, und meint, es habe etwas Gutes; inwendig aber ist er faul und voller Würmer. WA 6582

Geld ist das Wort des Teufels, durch das er alles in der Welt erschafft, wie Gott (alles) durch das wahre Wort erschafft. WA 391

Das gegenwärtige Geld läßt den gegenwärtigen Gott geringschätzen. WA 2347

Reichtum ist das allergeringste Ding auf Erden, die kleinste Gabe, die Gott einem Menschen geben kann.

Was taugt diese im Vergleich mit Gottes Wort? Ja, was gilt sie noch im Vergleich mit den Gaben des Körpers wie Schönheit und Gesundheit? Was im Vergleich mit den inneren Gaben wie Verstand, Kunstsinn, Weisheit? Dennoch strebt man so emsig danach und achtet nicht Mühe und Gefahr, man ruht weder Tag noch Nacht, um möglichst viel Reichtum anzuhäufen. Weder im Material noch in der Form noch in der Wirkung noch in seinem letzten Zweck – in keiner Hinsicht ist am Reichtum etwas Gutes. Darum gibt unser Herrgott den Reichtum im allgemeinen den groben Eseln, denen er sonst nichts gönnt. WA 5559

Jeder Götzendiener ist habgierig; je frommer er sich gibt, desto habgieriger ist er. WA 1080

Wo viel Besitz ist, da sind auch allerlei Sünden; denn

Gut macht Mut,
Mut macht Krieg,
Krieg bringt Armut,
Armut macht Demut.

Darum werden die Reichen auch große Rechenschaft ablegen müssen; denn wem viel anempfohlen ist, der muß viel abrechnen. Reichtum, Verstand, Schönheit sind feine Gaben Gottes, aber wir mißbrauchen sie oft. Besonders ist großer Verstand auch ein böses Ding, wenn er übel gerät. Denn es heißt: Niemand will von seinem Sinn und Kopf weichen; denn er will recht haben. Es ist besser, daß einer von Angesicht wenig schön ist, denn es kann eine Krankheit kommen, die kann es ihm nehmen; aber Sinn und Verstand lassen sich nicht sobald ändern. Es steht geschrieben (1 Mos 3,5): »Ihr werdet sein wie Gott.« Diese Krankheit ist uns so angeboren seit Adam: Ihr werdet sein wie Gott. WA 5395

OBRIGKEIT UND STAAT

In der Politik haben entweder wenige das Sagen oder viele, und doch, wenn Gott nicht über allem steht, wird weder von wenigen gut regiert noch von vielen. WA 2072

Könige und die Obrigkeit sündigen zwangsläufig in ihren obrigkeitlichen Ämtern. Deshalb haben sie die Vergebung der Sünden ganz besonders nötig, da sie ihre öffentlichen Aufgaben nicht frei von Schuld wahrnehmen können. Der Grund für dieses Übel liegt darin, daß der Amtsinhaber zugleich Privatperson ist; denn diese ist sündhaft, sie richtet viel Böses an und tut Unrecht. Das ist so, als wenn einer ein schartiges Beil hat: Mit dem verdirbt er alles, was er haut. Weil also unsere Privatperson durch die Erbsünde verderbt ist, sündigt zwangsläufig auch die Amtsperson, sei es, daß einer ins Predigtamt kommt oder ins weltliche Regiment. Diese Kunst aber beherrscht unser Herrgott, daß er auch mit bösen Personen gut regieren und böse Buben mit anderen Buben strafen kann. WA 2961b

Wenn ein Fürst zugleich von Wirtschaft, Politik und Kriegführen etwas versteht, dann ist er wahrhaft ein großes Geschenk Gottes. WA 3287a

Ein Christ ist durch doppelten Gehorsam gebunden: durch den gegen Gott und gegen seinen Fürsten. Und dieser zweifache Gehorsam wird nicht aufgelöst, außer wenn der Fürst befiehlt, was gegen Gott ist: Denn dann muß man Gott mehr gehorchen als dem Menschen. WA 1959

Überheblichkeit bei einem Fürsten schadet mehr als Nachlässigkeit. WA 2711

Würde ist das, was für das Beste gehalten wird. Wo der Pöbel herrscht, da gilt als Würde die Freiheit, die doch tatsächlich mehr eine Zügellosigkeit des großen Haufens ist. Wo wenige herrschen, da gelten als Würde Besitz und Adel. Wo aber der beste Staat ist, da gilt die Tugend als Würde. WA 2042

Die Würde der Obrigkeit ist eine sehr notwendige Ordnung in der Politik. Deshalb soll man für die Amtsinhaber zu Gott beten, sehr leicht können sie nämlich korrumpiert werden. Denn Ehren verändern den Charakter, aber nie zum Besseren; denn Ehren ändern das Leben, machen anderen Sinn, Worte, Verhalten und Taten, nie oder nur selten bessere, und machen die Menschen bald und leicht zu Tyrannen. Denn wer ohne Gesetz regiert und nur seinen Kopf durchsetzen will, der ist eine Bestie, ärger als ein wildes Tier. Der Mensch aber, der nach Recht und Gesetz regiert, ist wie Gott, der Stifter des Rechten. WA 6118

Regieren ist nicht eine Sache gewöhnlicher Leute oder von Knechten, sondern dazu gehören wahre Helden, verständige und beherzte Leute, denen man vertrauen darf und die auf das öffentliche Wohl sehen, die nicht ihren Vorteil suchen und ihren Begierden folgen, sondern nach Gerechtigkeit streben. Wie viele, die regieren, aber denken daran? Sie machen nur ein Handwerk aus dem Amt der Obrigkeit. Salomo sagt (Spr 16,32): »Besser ist ein Mann, der seines Sinnes Herr ist, als der Städte erobert.« Sich selbst überwinden und seinen Sinn steuern können, das ist der höchste Sieg. WA 5540

Die Welt mit ihren Fürsten und Adligen meint, sie regiere; aber sie regiert nicht. Die theologischen Lehrer meinen nicht, sie regierten; aber sie regieren. Ein einziges Gewissen aufzurichten zählt mehr als hundert Reiche zu haben. WA 1922

Wie groß auch bloße Macht ist, so wird doch nicht sie herrschen, sondern die Weisheit. WA 2212

Höchste Knechtschaft und höchste Freiheit – beides ist sehr schlecht. WA 3276

Drei Dinge hat sich Gott vorbehalten: Richten, Rächen und Rühmen. Denn zum ersten gehört eine vollendete Gerechtigkeit, die allein in Gott ist; darum ist Gericht halten allein seine Sache. Zum zweiten ist eine vollkommene Macht notwendig, die Kraft zu strafen und zu helfen. Das Dritte kommt nur dem zu, der vollendet gut ist; gut ist aber nur Gott. Aber da diese drei Dinge durch die Ordnung Gottes den Obrigkeiten eingeräumt sind und den Eltern, so gebührt es sich, daß wir ihnen mit aller Ehrfurcht gehorchen. Wer das nicht tut, widersetzt sich der Ordnung Gottes. WA 2110

Personen, die im öffentlichen Leben stehen, d. h. die zur Obrigkeit gehören, leben täglich in großen Sünden und Irrtümern. Sie können es nicht immer richtig treffen und tun oft manchem Unrecht. WA 1567

Doktor M. Luther sagte einmal: Eine böse Obrigkeit, die tyrannisch handelt, die ist wie eine Dornenhecke um einen Garten: Denn wo man durch diese Hecke oder Zaun in den Garten steigen will, so sticht und kratzt man sich. Nicht daß die Dornenhecke steuern und wehren wollte, daß man die Äpfel und Birnen aus dem Garten stiehlt, sondern weil es des Dornenbuschs Art, Natur und Eigenschaft ist, daß, wer ihn angreift, sich an ihm stechen und verletzen muß. So sticht, verwundet, plagt und drückt eine böse Obrigkeit auch ihre Untertanen, nicht daß sie Gottes Ehre suchte und die Kirche Gottes liebte oder Disziplin und Zucht erhalten und dem Bösen wehren wollte; sondern weil es aller Tyrannen Eigenschaft und Natur ist, daß sie darauf abzielen, den Leuten Leid anzutun und Schaden zuzufügen. WA 6945

Die Obrigkeit ist ein Zeichen göttlicher Gnade, daß Gott barmherzig ist und keinen Gefallen hat an Mord und Totschlag. Denn sonst ließe er zu, daß (zum Beispiel) unter Türken und anderen Völkern wie unter wilden Tieren Anarchie sei und sie sich selbst umbrächten, wobei sie sich gegenseitig auffräßen gemäß dem Sprichwort: Wer stark ist und es darauf anlegt, der steckt den andern in den Sack. WA 162

In einer und derselben Person muß sorgfältig der Christ und der Staatsbürger unterschieden werden. Der Christ hat keine Beziehung zum öffentlichen Leben, wie sie ein Nachbar zum Nachbarn, ein Bürger zum anderen Bürger hat. Wenn ein Nachbar mir Leid antut, so werde ich es ertragen, soweit es mich betrifft. Aber weil ich der Obrigkeit geschworen habe, werde ich den (der Obrigkeit gegenüber) verletzten Gehorsam mit Rechtsmitteln verfolgen, nicht aus Rachgier, sondern aus Liebe zum Frieden, so wie Knechte ihrem Herrn das Üble anzeigen, das ein anderer Knecht getan hat. Damit tun sie ihm kein Leid an, sondern suchen, über die Bosheit betrübt, dem Schaden zu wehren. So hinterbrachte auch Joseph seinem Vater alles (1 Mos 37,2). So verbietet auch (Christus), indem er dem Schätzesammeln wehrt (Mt 6,19), dies nicht der Obrigkeit noch den Eltern, sondern sie sollen nur nicht glauben, es gehöre zu ihrer Macht, daß sie Schätze haben. WA 3126

Gesetzt den Fall, ein Vater wollte sein Land verraten oder sonst ein großes Verbrechen begehen, und sein Sohn wüßte etwas davon, dann stellt sich die Frage: Dürfte dann der Sohn den Vater an die Obrigkeit verraten? Antwort: Der Sohn ist nicht verpflichtet, dem Vater zur Sünde gegen Gott Gefolgschaft zu leisten. Aber das kann er tun: Daß er dem Vater ins Gewissen redet, er solle davon ablassen, oder er wolle ihn anzeigen. Denn sonst billigte er das Verbrechen des Vaters und versündigte sich so auf ähnliche Weise. Dennoch täte ich das auf meine eigene Gefahr: Wenn ich sähe, daß mein Vater jemanden töten wollte, so würde ich mich dazwischenstellen.

Gesetzt den Fall, entweder der Vater müßte getötet oder das Vaterland verraten werden, dann antworte ich: Der Sohn darf den Vater unter keinen Umständen umbringen, das Vaterland soll er vielmehr Gott anempfehlen, denn Gott kann es retten. Wenn ich aber den Vater umbrächte, kann dennoch viel dazu fehlen, daß dadurch dem Vaterland geholfen wäre. Warum sollte ich also den unzweifelhaft vorhandenen Vater umbringen um einer zweifelhaften Rettung des Vaterlandes willen? Man muß es unserm Herrgott anempfehlen. WA 620

ÜBER DEN KRIEG

Gott wende seinen Zorn gnädig von uns ab! Denn Krieg ist die größte aller Strafen, da er die Religion, weltlich und häuslich Regiment zerstört, alles liegt danieder. Hungersnot und Pestilenz sind mit ihm nicht gleichzusetzen, besonders die Pestilenz ist die gelindeste Strafe von allen. Darum wählte David unter den drei Strafen die Pestilenz (2 Sam 24,12 ff.) und wollte lieber in Gottes als in der Menschen Hände fallen, denn Gott wäre doch gnädig. WA 6268

Der Krieg nimmt einfach alles hinweg, was Gott geben kann: Religion, Staatswesen, Ehe, Besitz, Ansehen, Wissenschaft usw. WA 282

Danach sprach er über Kriegsmaschinen und Geschütze, überaus grausame Werkzeuge, die Mauern und Felsen zerbrechen, Menschen in der Schlacht umbringen. Ich glaube, das ist des Satans selbst ureigene Erfindung. Denn hier kann man nicht mit den Handwaffen kämpfen und mit seinen Fäusten; gegen Feuerwaffen richtet jede Tapferkeit eines Mannes nichts aus. Er ist tot, ehe man ihn sieht. Hätte Adam solche Kriegsgeräte gesehen, die seine Nachkommen gegeneinander wechselseitig gebaut haben, er wäre vor Leid gestorben. WA 3552

Landsknechte sind unter anderen Menschen wie Bücklinge unter Heringen. Ein verdorbener Hering gilt noch als Bückling, und wer sonst zu nichts taugt, reicht zum Kriegsmann. WA 4987

Ich bin den Landsknechten überaus feind und will lieber auf jede Weise leben unter Türken oder Tartaren als unter deren Schutz. Denn wenn mich jene umbrächten, so wüßte ich doch, von wem ich getötet würde, nämlich von Türken, Christi Feinden. Jene aber, wer sind sie? WA 2039

Die Eisenfresser sind verwegen im Lästern Gottes, nicht mannhaft im Wagen. WA 1958

Wir beten: Gib Frieden, Herr. Aber ich fürchte, den werden wir zu unseren Lebzeiten nicht erhalten, sondern erst im Grab. WA 3396

VON ÄRZTEN UND KRANKHEITEN

Der Ärzte Aufgabe ist es nicht, über die Erhaltung der Gesundheit zu disputieren; denn sie haben mit Kranken zu tun wie die Theologen mit Sündern. WA 1865

Am 5. Februar 1538 sprach Luther über die gefährlichen Zeiten und seufzte: Ach, lieber Gott, wäre ich zu Schmalkalden (1537) am Stein gestorben, so wäre ich schon ein Jahr lang im Himmel, befreit von allem Übel. Ich bin damals genug gequält worden von den Ärzten. Sie gaben mir Getränke, als wenn ich ein großer Ochse wäre. So traktierten sie meinen Körper, daß alle meine Glieder, auch die Scham, eiskalt wurden. Ich mußte ihnen gehorsam sein, und ich beugte mich der Notwendigkeit, damit ich nicht den Eindruck erweckte, meinen Körper zu vernachlässigen. Elend ist ein Mensch, der von der Ärzte Hilfe abhängt. Ich leugne ja nicht, daß die Medizin eine Gabe Gottes ist und eine Wissenschaft, aber wo gibt es vollkommene Ärzte? Eine vernünftige Lebensweise ist viel wert. So fühle ich mich völlig erschöpft. Wenn ich trotzdem in meiner Lebensweise fortfahre, um neun Uhr zu Bett gehe und meine Nachtruhe habe, dann fühle ich mich erfrischt. Komme ich aber nicht zur Ruhe, so werde ich es nicht (mehr) lange machen – wie denn auch meine Zeit abgelaufen wäre. WA 3733

Doktor M. Luther sagte: Es liege viel daran, wenn ein Kranker zu einem Arzt Zuneigung und Vertrauen habe. Als er zu Schmalkalden krank gelegen habe, da seien wohl vier Ärzte über ihn hergefallen. Denen sei er sehr gram geworden; denn es gebe keinen Menschen auf der Welt, der so ungern aus der Apotheke esse und trinke wie er. Und erzählte als Beispiel, er habe einmal drei Tage daniedergelegen und nichts essen mögen, und die Ärzte hätten ihm auch viele Speisen verboten. Da war seine Frau Käthe zu ihm kommen, die hatte ihn gebeten, er solle doch sagen, worauf er Lust habe zu essen, so wollte sie es ihm anrichten. Da habe er gesagt: Er möchte gern kalte Erbsen und Bratheringe essen. Diese habe sie ihm gemacht, und er habe sofort danach gut geschlafen.

Ebenso erzählte D. L. M. noch ein Beispiel von einem Edelmann, der auch krank gelegen hatte und weder essen, trinken noch schlafen mögen. Endlich hatte es ihn gelüstet nach Rotwein, den er als Gesunder sonst gern zu trinken pflegte. Nun hatte er ein Glas voll holen lassen, das hatte er ausgetrunken; dann hatte er noch ein Glas voll holen lassen und darauf gesagt: Aller guten Dinge müssen drei sein, und hatte das dritte Glas auch ausgetrunken, obwohl ihm die Ärzte den Wein streng verboten hatten. Aber er hatte gut darauf geschlafen. Am Morgen war der Arzt gekommen, hatte den Urin beschaut und gesagt: Ja, wenn Ihr

Euch immer so hieltet, dann würde es wohl besser mit Euch werden. WA 6968

Ich glaube, daß bei allen schweren Krankheiten der Teufel Urheber und Anstifter ist. Erstens: Er ist der Urheber des Todes. Zweitens: Petrus sagt in der Apostelgeschichte (10,38), die vom Teufel Besessenen seien geheilt worden von Christus. Christus aber hat nicht nur Besessene geheilt, sondern auch Gelähmte und Blinde, er hat Aussätzige rein gemacht, Taube hörend, Krumme gerade. Ich glaube überhaupt, daß alle gefährlichen Krankheiten des Teufels Schläge und Plagen sind. Er bedient sich gleichwohl hierzu ganz natürlicher Mittel. Wie der Straßenräuber mit dem Schwert mordet, so verpestet der Satan die Natur, wie sich auch Gott bestimmter Mittel bedient, um die Gesundheit zu erhalten, wozu gehören Schlaf, Speise, Trank; denn er wirkt nur durch bestimmte Mittel. Ebenso schadet auch der Teufel durch ihm geeignet erscheinende Mittel. Wenn sich der Zaun ein wenig nach vorn neigt, so stößt er ihn vollends zu Boden. So ist der Arzt unseres Herrgotts Flicker in bezug auf den Körper, wie wir Theologen es sind in bezug auf den Geist, damit wir die Sache wieder gutmachen, wenn sie der Teufel verdorben hat. So gibt der Arzt ein Heilmittel, wo der Teufel Gift gibt. Durch Anwendung natürlicher Mittel heilt er die Kreatur. Die Medizin ist nämlich von Gott her geoffenbart, sie ist nicht aus Büchern hervorgegangen, wie auch die Juristerei nicht aus Büchern stammt, sondern der Natur entnommen ist. Unser Herrgott hat selbst alles geschaffen, und es ist auch gut. Deshalb darf man die Medizin nutzen als eine Schöpfung Gottes. So habe ich auch dem Bürgermeister von Wittenberg geantwortet, der von einem Prediger gehört hatte, ein Kranker dürfe keine Arznei anwenden, sondern solle Gott die Sache überlassen, und der mich deswegen um Rat fragte. Ich fragte zurück: »Eßt Ihr auch, wenn Euch hungert?« »Ja«, antwortete er. »So sollt Ihr auch wohl die Arznei zu Euch nehmen, die Gottes Kreatur ist ebenso wie Essen, Trinken und anderes, das wir zum Erhalt unseres Lebens brauchen.« WA 360

Eines Tages fuhr Luther, um sich zu erholen, auf einem Wagen in den Wald und durch die Felder, sang und war fröhlich zur Ehre Gottes und sprach: Meine Gesänge tun dem Teufel sehr weh, dagegen über unsere Ungeduld und unser Wehgeschrei lacht er sich ins Fäustchen. Er hat Lust, uns zu plagen, besonders, die Christus bekennen und predigen. Weil er der Fürst dieser Welt und unser Feind ist, so müssen wir sein Land passieren. Dafür will er auch wahrlich den Zoll von uns haben und schlägt unsere Leiber mit mancherlei Plagen. Die Ärzte sehen bei den Krankheiten immer nur auf die naturbedingten Ursachen und bemühen sich, mit ihren Mitteln zu helfen, und tun es gut. Aber sie sehen nicht auf den Teufel als den Urheber der sonst natürlichen Ursache einer Krankheit. Er kann die Krankheiten und ihre Ursachen sofort und leicht ändern, aus Hitze macht er Kälte, und Gutes verwandelt er in Böses. Darum muß eine höhere Arznei sein, will man dem Teufel wehren, nämlich der Glaube und das Gebet, wie es Psalm 31,16 heißt: »In deinen Händen liegt mein Geschick.« Diese Stelle habe ich jetzt in meiner Krankheit gelernt und will sie korrigieren. Denn bisher habe ich diese Stelle nur auf die Stunde des Todes bezogen, es soll aber heißen: »In deinen Händen steht meine Zeit, der Kairós [griech. der richtige Zeitpunkt], d. h. mein ganzes Leben, alle meine Tage, Stunden und Augenblicke.«

Gleich als wenn man sagte: Meine Gesundheit, Krankheit, Unfall, Glück, Leben, Sterben, Freude und Traurigkeit stehen in deiner Hand. Das wird durch die Erfahrung bewiesen. Wenn wir denken, wir wollen fröhlich, lustig, fromm, gesund sein, dann tritt das Gegenteil ein und umgekehrt. WA 3945

ÜBER DEN TEUFEL

Zwei Dinge sind dem Satan eigen: das erste, uns sicher zu machen und dann frei von Gottesfurcht, wenn es uns gut geht; das zweite, daß er uns zur Zeit der Heimsuchung verzweifeln lehrt und vor Gott fliehen. WA 3108

Gott schickt keine Not in die Welt außer durch den Teufel. Alle Traurigkeit oder Krankheit kommt vom Teufel, nicht von Gott. Es gestattet aber Gott dem Teufel, uns zu schaden, wenn wir Gott geringschätzen. Was mit dem Tod zu tun hat, ist des Teufels Werk; dagegen was das Leben angeht, das ist Gottes Geschenk. Der Teufel muß unseres Herrgotts Henker sein. Bei der Pest bläst der Teufel in ein Haus. Was er ergreift, das nimmt er hinweg. WA 722

Der Teufel weiß alle Gedanken der Gottlosen, da er selbst ihr Urheber ist. Er gibt sie ihnen ein. Er sieht also und regiert die Herzen der Menschen, die nicht gefestigt sind durch Gottes Wort. Daher geschieht es, daß er zuweilen Zukünftiges durch seine Propheten vorhersagen kann, was dann tatsächlich eintrifft. WA 588

Gott erlaubt dem Satan oft, die Wahrheit vorauszusagen – aber nur, um den Zweifel zu bekräftigen. WA 592

Die schwersten Anfechtungen sind, wenn der Teufel uns dahin bringt, daß wir nach den Ursachen von Wohlergehen bzw. Unglück in unserem Gewissen forschen. Keine Anfechtung bringt leichter zu Fall, als danach zu forschen, warum dies oder jenes geschieht. Das dauert von Adam an bis auf alle Nachkommen. Das »Warum« hat alle Heiligen gequält. WA 3107

Je tiefer einer verstrickt ist in Traurigkeit und Begierden, ein desto geeigneteres Werkzeug ist er für den Teufel. Denn unsere Begierden sind es, durch die er bei uns Eingang findet und in uns wirkt, wann immer wir nicht aufpassen. Wo es naß ist, da mag man leicht gießen; wo der Zaun ein Loch hat, da kann man leicht hinüber. Ebenso hat der Teufel einen leichten Zugang, wo Traurigkeit ist. Also muß man beten und Umgang pflegen mit (anderen) Gläubigen. WA 2840a

Alle Traurigkeit stammt vom Teufel; denn er ist Herr des Todes. Deshalb ist Traurigkeit gegen Gott gerichtet (und) ganz bestimmt ein Werk des Teufels. Wenn du daher einmal schlecht über Gott denkst, als ob er sich deiner nicht erbarmen wolle, wolle dich verderben und dich töten, oder wenn du daran denkst, daß du doch sterben mußt, dann folgere sogleich: Dieser Gedanke kommt vom Teufel, nicht von Gott. Denn Gott macht keine traurigen Gedanken, er schreckt nicht, er tötet nicht, sondern ist ein Gott der Lebendigen. Daher hat er auch seinen eingeborenen Sohn gesandt, nicht um zu schrecken, sondern um zu trösten. Deshalb ist Christus auch gestorben und auferstanden, damit er Herr über den Tod werde, uns lebendig und den Tod zunichte mache. Deshalb sagt auch die Schrift (Joh 16,33): Freut euch, faßt Vertrauen und seid fröhlich, ich habe die Welt bezwungen und den Tod, der Stachel des Todes ist durch mich gebrochen und stumpf gemacht (1 Kor 15,55). Denke deshalb in solchen Anfechtungen, daß du nicht mehr ein Menschensohn, sondern ein Gottessohn bist durch den Glauben an Christus, auf dessen Namen du getauft bist. Deshalb kann der Tod selbst nicht in dich bohren seinen Stachel. Weil und soweit du Christus gehörst, an ihn glaubst und auf ihn getauft bist, kann der Tod nicht über dich herrschen. Aber der Teufel läßt solche frommen Gedanken über Gott und Christus bei uns nicht aufkommen in unseren Anfechtungen. Solche Gedanken werden zurückgedrängt oder kommen uns überhaupt nicht. Des Menschen Herz ist nämlich so gefangen vom Gesetz, der Sünde, dem Tod, daß es den Artikel der Rechtfertigung und des Glaubens: »Ich glaube an Jesus Christus usw.« gar nicht zuläßt. Andererseits kommt alle Freude, aller Trost und Friede von Gott, ja ist Gott selbst. Der heilige Geist ist nämlich mutig. Er ist der Mut und Trotz in Gefahren und Anfechtungen des Todes. Er spricht es mutig aus: Welt, Tod, Teufel, Hölle, laß mich zufrieden! Du hast an mir keinen Anteil. Willst du mich nicht leben lassen, so sterbe ich. Es soll dir aber nicht gelingen. Schlägst du mir den Kopf ab, so schadet es nicht. Ich habe jemanden, der wird ihn mir wohl wieder aufsetzen. WA 832

Er kam eines Tages zu jemandem, der litt unter Gewissensqualen und Verzweiflung. Den tröstete er so: Mein lieber Bruder, es soll dich nicht schrecken, daß dich der Teufel so quält! Christus sagt (Joh 15,19): »Wäret ihr von der Welt, dann würde euch die Welt nicht hassen. Jetzt aber, da ihr nicht von der Welt seid« usw. Deine Anfechtungen mögen dir also ein Beweis dafür sein, daß du ein Kind Gottes bist. Denn der Satan quält dich deshalb, um dich in Verzweiflung zu stürzen und dich zu seinem Sohn zu machen. WA 114

(Am 14. Dezember 1531 beim Frühstück:) Das ist die größte Versuchung des Teufels, wenn er sagt: Gott haßt die Sünder; du aber bist ein Sünder, also haßt Gott auch dich. Diese Anfechtung bekommt jeder anders zu spüren. Mir wirft er meine Übeltaten nicht vor, daß ich Messe gelesen habe, daß ich dies und das getan habe in meiner Jugend. Anderen wirft er vor, was sie zuvor in ihrem Leben getan haben. Bei einem solchen Streitgespräch ist ganz einfach der Obersatz zu verneinen; denn die Annahme ist falsch, daß Gott die Sünder haßt. Wenn dir hier der Teufel Sodom vorhält oder andere Beispiele des göttlichen Zorns, so setze du ihm deinerseits Christus entgegen, den Sohn Gottes, den er um der Sünden willen hat Mensch werden lassen. Wenn Gott die Sünder haßte, dann hätte er bestimmt nicht seinen Sohn geschickt für sie und ihn nicht so jämmerlich leiden und sterben lassen. Er haßt nur die, die sich nicht rechtfertigen lassen wollen, d. h. die nicht Sünder sein wollen.

Solcherart Anfechtungen nützen uns sehr und bringen nicht, wie man meinen könnte, Verderben, sondern sind eine Unterweisung, und jeder Christ soll bedenken, daß er Christus ohne Anfechtungen und Kreuz nicht recht erkennen kann. WA 141

Es ist fast lächerlich, daß Gott uns, die wir Fleisch und Blut sind, in einen gegenseitigen Krieg und Kampf gestellt hat mit einem so starken und großen Geist, wie es der Teufel ist, und daß er uns keine anderen Waffen gegen eine so große Macht in die Hände gegeben hat als hier und da ein Wort der Schrift, das wir im Glauben ergreifen, und dessen, des Teufels, so große Übeltaten wir allein durch das Wort besiegen sollen. Das muß den großmächtigen Geist gewiß von Herzen verdrießen. Aber in diesem Kampf ist es besonders schwierig, den Teufel als Teufel zu erkennen. Denn niemand kann mit Worten aussagen, wie mannigfaltig sich jene verfluchte Majestät verwandeln kann in einen Engel des Lichts, wie Paulus sagt (2 Kor 11,14). Wenn man aber den Satan einmal als solchen erkannt hat, zerbrechen wir mit leichtem Wort seine Hoffart. WA 2059

Der Satan kann es nicht lassen, er muß alle Artikel des Glaubens in unseren Herzen anfechten, ehe wir aus diesem Leben scheiden; so bitter feind ist er dem

Glauben, von dem er wohl weiß, daß er die Kraft und Überwindung ist, damit wir die Welt überwinden. Wie Johannes (1 Joh 5,4 f.) sagt: »Unser Glaube ist der Sieg, der die Welt überwunden hat. Wer ist aber, der die Welt überwindet, außer der da glaubt, daß Jesus Gottes Sohn ist?« Darum ist es wohl notwendig, daß wir den Glauben eigentlich und gewiß fassen und daß wir ihn durch tägliche Übung in Wort und Gebet von Tag zu Tag stärken und fest machen, damit wir dem Teufel widerstehen können. WA 6812

Der Teufel ist wie ein Vogelsteller, der nicht nur mit seinen Kräften, sondern mit List und Tücke Fallen stellt. Fast allen Vögeln, die er fängt, dreht er den Hals um. Er behält nur wenige; allein die da locken und sein Lied singen, die setzt er in einen Vogelbauer, damit sie seine Lockvögel seien, um die anderen zu fangen. Die aber müssen alle dran glauben. Ich hoffe nicht, daß er mich in einen Käfig setzen würde.

Der hat den Panzer des Gottesworts nötig, der vor dem Satan sicher sein will. Denn wenn sich einer sicher fühlt und mit seinen Gedanken ohne Gottes Wort umgeht, so greift er ihn an. Man muß mit ihm ringen kraft Gotteswort und Gebet. Abwehr mit Schirmschlägen gesteht er uns nicht zu. Er kommt bald zurück, besonders wenn wir uns sicher fühlen. WA 3289

DER TOD

Mitten im Leben leben wir mit dem Tod; da mancherlei Krankheiten und tödliche Unfälle täglich auf uns warten. Da sticht sich dieser, da fällt der; da wird der so verwundet, daß er sich zu Tode blutet. Darum bedürfen wir zu allen Stunden Gottes, daß er uns bewahre und erhalte. WA 3139b

Die richtige Vorbereitung auf den Tod ist zu wissen, daß der Tod, die Sünde, die Hölle und der Satan im gekreuzigten Christus besiegt sind und zu Boden geworfen. WA 5626

Verwunderlich ist die Torheit des Menschen, der sich vor dem Tod fürchtet. Ihm kann man nicht entgehen, denn er ist allen Menschen gemeinsam. Cicero hat sich als Heide fein trösten können [sein ganzes erstes Buch der *Tusculanae disputationes* hat zum Thema *de contemnenda morte*, die Geringschätzung des Todes]. Wieviel mehr sollten das die Christen tun können, die den Zerstörer des Todes haben: Christus, das Leben und die Auferstehung. Obwohl wir gern länger leben wollten, so wäre es doch nur eine kleine Frist. Das ist so, als wenn viele nach Düben [halbwegs zwischen Wittenberg und Leipzig] wanderten und einige um vier Uhr, andere um sieben oder acht hinkämen, es müßten doch alle dort übernachten. WA 3928

Es gibt kein besseres Sterben als das des Stephanus, der sagte (Apg 7,59): »Herr Jesus, nimm meinen Geist zu dir!« Gemäß dieser Worte sollten wir die Aufzählung sowohl unserer Sünden und wie der Verdienste drangeben und allein auf die Gnade Gottes hin sterben. Stephanus hatte das von David und von Christus gelernt; beide hatten von ihren Verdiensten geschwiegen und nur die Gnade Gottes begehrt. WA 117

Ein Kind von sieben Jahren stirbt überaus fröhlich und leicht ohne Angst vor dem Tod; aber sobald wir erwachsen sind, da beginnt das Empfinden des Todes und der Hölle, und vor dem Tod haben wir Angst. WA 3576

Ein Mensch, der schläft, ist ganz und gar einem Toten ähnlich, deshalb hat man nicht ohne Grund den Schlaf abgebildet als einen Bruder des Todes. Ebenso spiegeln sich Tod und Leben im Wechsel von Tag und Nacht und allen Geschöpfen. WA 1109

Die Christen könnten den Tod leicht ertragen, wenn sie nicht wüßten, daß der Zorn Gottes mit dem Tod verbunden ist. Das macht uns den Tod sauer. Die Heiden aber sterben unbesorgt, sie sehen nicht den Zorn Gottes, sondern glauben, der Tod sei das natürliche Ende des Menschen, und sagen: Es handelt sich nur um eine böse Stunde. Deshalb hat Cicero vortrefflich gesagt: Nachher werden wir entweder nichts sein oder vollkommen glückselig. Das klingt, als ob er sagen wollte: Durch den Tod kann uns nichts Arges geschehen. WA 3140a

Der heilige Geist setzt den Tod ein zur Strafe, daß er uns schrecken soll, nicht zu unserer Freude. WA 186

Ich sehe die Beispiele ungern, daß man gern stirbt. Die aber zagen, zittern, erblassen vor dem Tod und ihn doch in Kauf nehmen, die sehe ich gern. Die großen Heiligen starben nicht gern. Die Furcht ist der Natur gemäß; denn der Tod ist eine Strafe, also stimmt er etwas traurig. Nach dem Geist stirbt man gern, nach dem Fleisch aber heißt es: Führen wird dich ein anderer, wohin du nicht willst (Joh 21,18). In den Psalmen und in anderen Erzählungen wie bei Jeremia (26,15) sieht man, wie er sich gern losgemacht hätte. Hütet euch, sagt er, ihr werdet unschuldig Blut vergießen. Daß aber auch Christus sagt (Mt 26,39): »Es gehe doch an mir vorüber dieser Kelch« usw., das hat eine andere Bedeutung. Derselbe hat nämlich sinngemäß auch gesagt (Joh 5,21): »Ich habe das Leben und den Tod in meiner Hand.« Wir sind es gewesen, die ihn haben Blut schwitzen lassen. WA 408

Fromme, gottselige Christen werden mehr vom Tod erschreckt, obwohl sie doch nicht von ihm erschreckt werden sollten, sondern die Gottlosen sollte der Tod schrecken; aber die leben und gehen unbesorgt dahin, denken nicht an den Tod.

Wer im Tod ein gutes Wort sagen und sprechen kann: »Erbarme dich meiner, Gott!«, der ist wohl beraten. Denn ein Gottloser kann kein gutes Wort reden.

Denen aber geschieht es am besten, die früh sterben; denn sie haben des Teufels und der Welt List und Bosheit nicht kennengelernt. WA 249

Der Schrecken des Todes ist der Tod selbst und nichts anderes. Wer den Tod ganz aus seinen Gedanken vertreibt, der hat keinen Tod, er schmeckt nicht den Tod. – Jemand fragte ihn wegen der Schmerzen des Todes. Es antwortete Martin Luther: Fragt meine Frau danach, ob sie etwas gefühlt hat; denn sie war fast tot. Sie antwortete: Gar nichts, Herr Doktor. Da sagte Doktor Martin Luther: Deshalb sage ich, das Größte ist am Tod die Angst vor dem Tod (Hebr 2,9). Wir sind glückselig, die wir den Tod nicht schmecken, der sehr bitter ist und herb. Wie groß aber der Schmerz ist, den Tod zu schmecken, das sieht man an Christus, der sagt (Mt 26,38): »Betrübt ist meine Seele bis zum Tod.« Ich halte diese Worte für die größten in der ganzen Schrift, obwohl es auch etwas Großes ist und mit Worten nicht Ausdrückbares, am Kreuz auszurufen (Mt 27,46): »Eli, Eli« usw. Kein Engel kann es begreifen, was für eine große Sache es ist, daß aus seinen Poren Blut fließt. Das heißt Geschmack und Schrecken des Todes. WA 5493

Danach beklagte Luther das Elend des menschlichen Lebens, das trotzdem alle Menschen liebten. Niemand wolle sterben, obwohl doch immer ein Unglück nach dem anderen drohe – bis zum Tod. Daher nennt der Heide Plinius einen frühen Tod das beste Heilmittel für den Menschen [als hilfsbereiter Flottenkommandant und naturwissenschaftlich interessierter Fachschriftsteller starb er beim Vesuvausbruch 79 n. Chr. im Alter von 56 Jahren]. Und Julius Caesar ignorierte die Vorzeichen seines Todes und ging den Gefahren nicht aus dem Weg, indem er sagte, es sei besser, einmal zu sterben, als immer auf der Hut zu sein [er wurde getötet an den Iden des März 44 v. Chr.]. Dieser Ausspruch von einem Heiden sagt genug. Doch soll man Gott nicht versuchen! WA 4047

Ein Trunk Wasser, wenn einer nichts Besseres haben kann, ist eine gute Arznei wider den Durst. Ein Stück Brot stillt den Hunger, und wer seiner bedarf, trachtet mit Fleiß danach, daß er es bekomme. So ist Christus die beste, sichere, einzige Arznei wider den schrecklichsten Feind des Menschengeschlechts, den Tod. Das wollen aber die Menschen nicht verstehen. Wenn sie einen Arzt wüßten, und wohnte er noch so weit entfernt, der den Tod vertreiben oder wenigstens eine Zeitlang aufhalten könnte, so würden sie ihn holen, auch wenn das noch so viel kostete. Daran sieht man, wie verblendet die menschliche Natur ist. Doch ein kleines Häuflein hält sich an den rechten Arzt und lernt von dieser Kunst, die Simeon (Lk 2,29 f.) genau gekannt hat, weshalb er fröhlich singt: »Mit Fried und Freud ich fahr dahin, denn meine Augen haben deinen Heiland gesehen«. Darum ist der Tod mein Schlaf geworden.

Deshalb ist es eine greuliche Plage, daß wir täglich vor Augen sehen, wie gierig ein Durstiger nach Trinken ist, ein Hungriger nach Essen, wo doch ein Trunk Wasser oder ein Stück Brot nur eine Stunde oder zwei den Durst oder Hunger vertreiben. Dagegen verlangt niemand nach diesem allerbesten Arzt, obwohl er Speise und Trank gibt, die unvergänglich sind und bleiben bis ins ewige Leben. Dazu verheißt er: »Wer an mich glaubt, von dessen Leib werden Ströme des lebendigen Wassers fließen.« (Joh 7,38) WA 1764

Es gibt kein sanfteres noch lieblicheres Ding auf Erden als einen süßen Schlaf. Deshalb ist nichts süßer als der Tod eines wahren Christen. Er schläft, um fröhlich und mit Jubel aufzuerstehen. Alle Kreaturen sind Gott dem Herrn gehorsam. Die Sonne leuchtet und scheint nach Herzenslust, der Mond, die Sterne bei Tag und Nacht. Die Erde bringt Blätter und Gras, Frucht und allerlei Gewächs hervor, und alles wirkt nicht weiter, als es von seinem Schöpfer Befehl dazu hat. Das Brot kräftigt und stärkt niemand mehr, als ihm sein Schöpfer befiehlt. Ebenso steht es mit dem Wein, dem Muskat usw., in Summa, jedem Gewächs. WA 5618

Schule des Glaubens heißt: Mit dem Tod umgehen. WA 310

Doktor M. Luther sprach, als er einmal einen sehr traurigen Menschen sah: Ah Mensch, was tust du? Kannst du sonst nichts, als an deine Sünde, Sterben und Verdammnis denken? Wende die Augen flugs ab und sieh hierher zu dem Mann, der Christus heißt; von dem steht geschrieben, er sei empfangen vom heiligen Geist, geboren aus Maria der Jungfrau, gelitten, gestorben, begraben, zur Hölle gefahren, am dritten Tage von den Toten auferstanden und zum Himmel aufgefahren usw. Warum meinst du denn, daß solches geschehen sei? Damit du wider Tod und Sünde dich trösten sollst! Darum höre auf, dich zu fürchten und zu zagen, dazu hast du wahrlich keinen Grund. Wenn Christus nicht da wäre und solches für dich nicht getan hätte, so hättest du Grund, dich zu fürchten; aber er ist da, leidet für dich den Tod und siegt dir zu Trost und Schutz und setzt sich auch darum zur rechten Hand seines himmlischen Vaters, damit er dich vertrete. WA 6979

Am 17. Juli 1538 lag Luther noch immer schwerkrank und spürte die Unregelmäßigkeit seines Herzschlags. Da tröstete ihn sein Arzt. Darauf Luther: Ich stehe in Gottes Willen. Ihm habe ich mich ganz ergeben. Er wird es richtig machen. Das weiß ich gewiß, daß der nicht sterben wird, denn er ist »das Leben und die Auferstehung, und jeder, der lebt und an ihn glaubt, der wird nicht sterben; der wird leben, auch wenn er gestorben ist.« (Joh 11,25.26). Darum überlasse ich es seinem Willen und lasse ihn walten. WA 3916

Trostgebet im letzten Stündlein: Allmächtiger, ewiger, barmherziger Herr und Gott, der du bist Vater unsers lieben Herrn Jesus Christus, ich weiß gewiß, daß du alles, was du gesagt hast, auch halten kannst und willst; denn du kannst nicht lügen, dein Wort ist wahrhaftig! Du hast mir im Anfang deinen lieben einzigen Sohn Jesus Christus zugesagt, derselbe ist gekommen und hat mich von Teufel, Tod, Hölle und Sünden erlöst, danach mir zu mehr Sicherheit aus gnädigem Willen die Sakramente der heiligen Taufe und des Abendmahls geschenkt, darinnen mir angeboten Vergebung der Sünden, ewiges Leben und alle himmlischen Güter. Auf dein derartiges Anbieten habe ich diese gebraucht und im Glauben auf dein Wort mich fest darauf verlassen und sie empfangen. Deshalb zweifle ich nun gar nicht, daß ich zufrieden bin und sicher vor Teufel, Tod, Hölle und Sünde. Ist dieses meine Stunde und dein göttlicher Wille, so will ich in Frieden und mit Freuden auf dein Wort gern von hinnen scheiden zu dir. WA 5685

HOFFNUNG UND TROST

Alles, was in der ganzen Welt geschieht, das geschieht mit Hoffnung. Kein Bauer säte auch nur ein Korn aus, wenn er nicht hoffte, daß es aufgeht. Kein Jüngling würde heiraten, wenn er nicht die Hoffnung auf Nachkommenschaft hätte. Kein Kaufmann oder Tagelöhner würde arbeiten, wenn er nicht Gewinn und Lohn erwartete. Um so mehr sollte die Hoffnung auf ein ewiges Leben uns antreiben. WA 3828

»In Schweigen und Hoffnung wird eure Stärke liegen.« (Jes 30,15). Habt Geduld, leidet und hofft und verzweifelt nicht im Gewissen. WA 2360

Der Menschen Trost besteht in äußerlicher, sichtbarer Hilfe, die man greifen, sehen und fühlen kann. Gottes Trost besteht allein im Wort und in der Verheißung, wo weder Sehen, Hören noch Fühlen ist. WA 1893

Doktor Luther sprach: Gleichwie Gott alles aus Nichts macht und aus Finsternis das Licht schafft, so bewirkt auch sein Wort, daß im Tod nichts als Leben sein muß. Darum, wer am Wort Gottes hängt und ihm folgt, der erfährt schließlich, was David im Psalm 33,9 sagt:

»Wenn Gott spricht, so ist es gemacht, und wenn er befiehlt, so steht es da.« Aber ehe man zu dieser Erfahrung kommt, muß man etwas leiden; denn Gottes Art und Natur ist es, aus Nichts alles zu schaffen und zu machen. WA 6515

Wenn diese Welt so voll wäre von Eintracht, Frieden und Gerechtigkeit, daß der Bauer dem Fürsten allenthalben gehorsam wäre, das Gesinde dem Herrn, die Ehefrau dem Mann, so würde sich niemand nach dem künftigen Leben sehnen. Darum macht Gott diese Welt voll von Verwirrung, damit wir uns nach einem anderen Leben sehnen. WA 2652a

Willst du die größten, greulichsten und schädlichsten Feinde überwinden lernen, die einen sonst wohl verschlingen und ihm an Leib und Seele schaden können, wogegen einer sich wohl allerlei Waffen kaufen und alles Geld dafür geben sollte, diese Kunst zu lernen? Es ist ein süßes, liebliches Kräutlein, das dazu dienen kann, das heißt Geduld.

Ja, fragst du, wie kann ich zu solcher Arznei kommen? Darauf antworte ich: Nimm den Glauben für dich, der da spricht, daß dir niemand schaden könne ohne Gottes Willen; geschieht es aber, so geschieht es mit dem freundlichen, gnädigen Willen Gottes, so daß der Feind sich selber hundertmal größeren Schaden zufügt als dir. Daraus strömt mir Christen die Liebe, die spricht: So will ich ihm alles Gute tun für Böses und ihm feurige Kohlen auf sein Haupt sammeln. Das ist der Christen Rüstung, mit der sie ihre Feinde schlagen, die wie die großen Berge scheinen und sonst nicht zu stürzen oder mit Eisen und Stahl zu gewinnen sind. WA 3643